Gabriele-Saskia Drungowski

Das Beste für dich

Gabriele~Saskia Drungowski

Das Beste für dich

Der Weg vom Unbewussten zum Bewussten

SILBERSCHNUR VERLAG

Dieses Buch versteht sich als Hinweis auf eine Methode zur Selbsthilfe, die auch eine Persönlichkeitsentwicklung und eine Bewusstseinserweiterung darstellen kann.
Die hier gegebenen Informationen ersetzen nicht die professionelle Hilfe durch einen Arzt oder Therapeuten. Die Inhalte dieses Buches sollten vornehmlich in die Selbstverantwortung und Reflexion führen. Wer die Inhalte dieses Buches anwendet, tut dies in eigener Verantwortung. Wer rechtlichen, medizinischen, psychotherapeutischen oder psychiatrischen Rat und Hilfe sucht, sollte sich an einen geeigneten Spezialisten wenden.
Autorin und Verlag übernehmen keine Haftung für Schäden jeglicher Art, die durch Nutzung des Buchinhaltes und die Missachtung dieses Hinweises entstehen sollten.

MIX
Papier aus verantwortungsvollen Quellen
FSC® C014138
FSC
www.fsc.org

ISBN: 978-3-89845-393-6

1. Auflage 2013

Gestaltung: XPresentation, Güllesheim;
unter Verwendung des Motivs #42161357, www.fotolia.com
Druck: Finidr, s.r.o. Cesky Tesin

Verlag »Die Silberschnur« GmbH · Steinstr. 1 · 56593 Güllesheim
www.silberschnur.de · E-Mail: info@silberschnur.de

Inhalt

Einleitung

Hallo, ich grüße Sie!

Darf ich Sie einmal etwas fragen? Warum halten Sie dieses Buch in den Händen? Ausgerechnet dieses Buch? Was hat Sie bewogen, aus der Vielzahl von Büchern in einer Buchhandlung genau dieses herauszuziehen? Hat Ihnen gar ein guter Freund empfohlen, es zu lesen? Aber was hat Sie veranlasst, es dann wirklich zu lesen? Gab es ein Wort, auf das Sie angesprungen sind? Einen Satz? Eine Erinnerung? Aus welchem Grund sind Sie der Empfehlung des Freundes gefolgt? Machen Sie sich einfach einmal kurz bewusst, weswegen Sie gerade diese Seite aufgeschlagen haben und nun nach einer Antwort forschen ... Was für eine Erwartung steckt dahinter?

Vielleicht glauben Sie ja, dass es ein Zufall ist und nichts und niemand Sie dazu bewogen hat, genau dieses Buch in den Händen zu halten. Wenn das der Fall sein sollte, dann klappen Sie es am besten gleich wieder zu und suchen sich eine andere Lektüre. Falls Sie jetzt aber neugierig geworden sind und zu den Menschen gehören, die immer weitergetrieben werden auf der Suche nach tieferen Antworten, dann erzähle ich Ihnen gerne etwas über Bewusstheit, Erfahrungen, Muster und Informationen – und vor allem darüber, wie dies alles zu Ihnen kommt.

Also kein Zufall? Bei weitem nicht! Es ist, weil Sie eine bestimmte Information benötigen, um weiter auf Ihrem Lebensweg voranzukommen. Wie diese Information aussieht und auf welchem Weg sie zu Ihnen kommt, bestimmen Sie selbst ... auch wenn Ihnen das nicht bewusst ist. Es läuft auf einer nicht fassbaren Ebene ab, dem Unterbewusstsein. Und trotzdem kommt es von Ihnen, weil Sie natürlich auch Ihr Unterbewusstsein sind.

90 Prozent der Handlungen und Gedanken, die wir täglich ausführen oder haben, kommen direkt aus dem Unterbewusstsein. Auf der körperlichen Ebene ist dies noch am leichtesten zu begreifen, oder geben Sie jedes Mal einen bewussten Befehl, wenn Ihr Herz schlagen soll oder Ihre Lunge ein- oder ausatmen muss? Nein, natürlich nicht. Auch wenn ein Muskel sich anspannt, damit Sie die Treppen hochsteigen können, brauchen Sie nicht erst darüber nachzudenken, dass er das tun soll. Er tut es, weil ein ausgeklügeltes System in Ihrem Körper die Arbeit macht: Ihr Gehirn, Ihre Nerven und das Unterbewusstsein.

Genauso wie wir uns nicht bewusst darüber sind, warum wir jemanden, den wir eigentlich gar nicht kennen, sofort ablehnen oder sehr mögen, wissen wir oft nicht genau, warum wir ein bestimmtes Buch aus einem Regal ziehen und anfangen, darin zu lesen.

Womit wir wieder zu den Informationen kommen. Also, was genau sind jetzt diese Informationen, und woher kommen sie? Informationen sind - zumindest *für mich* - schon vorhandenes Wissen, das wir für uns nutzen können. Ich betone *für mich* deshalb so stark, weil es sich um die Informationen handelt, die ich ganz allein für mich herausgefunden habe. Niemand kann - oder muss - dieselben Erfahrungen mit der gleichen Information machen, jeder ist individuell und besteht aus der Summe seiner eigenen Erfahrungen und Emotionen, mit denen er alles verbindet. Deshalb kann ich auch nur über das berichten, was ich *für mich* herausgefunden habe. Sie können diese Erfahrungen nun für sich nach Ihrem Gutdünken nutzen oder beiseiteschieben. Es könnte aber auch sein, dass Sie eine neue Perspektive für sich entdecken - und diese können Sie dann als einen neuen Stein in Ihr Lebensmosaik einfügen.

Wie kann ich das verstehen: schon vorhandenes Wissen? Wo entsteht es, wo kommt es her? Gibt es irgendwo da draußen ein riesiges Wissensfeld, angefüllt mit allen Informationen, die der Mensch benötigt oder jemals benötigen wird? Und, wenn ja, ist das dann Gott? Oder Buddha, Mohammed, Jesaja oder Captain Kirk? Dies sind Fragen, die sich Abertausende von Suchenden tagtäglich auf der ganzen Welt stellen - und sie alle finden meist keine befriedigenden Antworten. Weil alle immer nur nach *einer* allgemeingültigen Antwort suchen. Weil die meisten davon ausgehen, dass es *ein* Ziel gibt, das es zu erreichen gilt. Und weil viele davon überzeugt sind, es gäbe nur *eine* einzige Wahrheit.

Ich jedenfalls habe *für mich* herausgefunden, dass es genauso viele Ziele, Wahrheiten und Antworten gibt auf all die Fragen, wie Menschen auf diesem wunderbaren Planeten leben. Und dass jede Wahrheit in sich richtig ist! Deshalb ist es für mich richtig zu sagen: Das gesamte Wissen, das wir haben, gab es schon immer, und es wird auch immer vorhanden sein. Alles, was es noch zu finden, zu erfinden und herauszufinden gibt, ist schon immer da gewesen. Wir müssen nur bereit sein, diese Informationen anzunehmen, zu glauben, in Wissen umzuwandeln und dann für uns zu nutzen.

Schauen wir uns doch einmal kurz an, welche Informationen sich auf unserer Erde momentan in den Vordergrund drängeln: Alle Welt redet vom Klimawandel. Vom großen Umbruch, der die Erde ereilen wird. Von riesigen Finanzkrisen, die die gesamte Welt durchrütteln. Von einem Krieg, der nicht mehr Land gegen Land geführt wird, sondern der immer wieder an den unterschiedlichsten Flecken auf der Landkarte aufflammt und einfach nicht greifbar ist. Terrorismus kann man besiegen? Von wegen, was für ein Schwachsinn (pardon). Solange es Menschen gibt, die für ihr Denken, Fühlen und für ihren Glauben töten werden, wird es diesen Krieg geben. Aber sollen alle Menschen, die anders sind, weggesperrt oder gar ausradiert werden? Geben Sie sich diese Antwort bitte selbst.

Ja, und dann gibt es da noch den viel zitierten Paradigmenwechsel. Und wenn man anfängt, darüber Informationen zu sammeln, dann erfährt man vom bevorstehenden Weltuntergang, der Verschiebung der Erdachse oder von zukünftigen Lebensbedingungen inklusive Rohstoffmangel - alles, was man sich nur vorstellen kann.

Haben Sie sich schon entschieden, welchen Gedanken Sie folgen werden? Welche Information kommt Ihrer Wahrheit am nächsten? Und was entspricht am ehesten der Summe Ihrer bisher gemachten Erfahrungen? Wem werden Sie folgen und welcher Wahrheit? Und haben Sie sich einmal gefragt, was eigentlich Ihre eigene Wahrheit ist, oder laufen Sie nur denen nach, die am lautesten schreien, am intelligentesten reden oder am heiligsten erscheinen? Ja, und warum tun Sie das? Und während wir uns diese Fragen stellen, taucht auch gleich noch eine unübersehbare Information auf, die schon immer vorhanden war und gerade deshalb nicht gesehen wurde: die Information über die Kraft der Gedanken.

Wenn Sie immer noch in der Buchhandlung stehen und in diesem Buch blättern, dann zählen Sie doch einmal kurz die Anzahl der Bücher durch, die sich derzeit mit der Kraft der Gedanken befassen und mit der damit verbundenen eigenen Verantwortung für alles, was einem widerfährt. (Iiiihhhh! Selbstverantwortung!?) Sie kommen bestimmt auf mindestens 30 Bücher, doch es sind Millionenseller, das heißt, dass es Millionen Menschen gibt, die über diese Information verfügen. Wieso ist das plötzlich so ein Hype? Wo kommt das her? Und wenn es doch schon so lange als Wissen da ist, warum ist es gerade jetzt so präsent? *Für mich* gibt es darauf nur eine Antwort: Es ist an der Zeit! Wir haben uns unaufhaltsam zu diesem Punkt hin entwickelt. *Für mich* ist diese Information noch etwas viel, viel Größeres, *für mich* ist das der Paradigmenwechsel, der schon begonnen hat. Ganz unspektakulär und leise. Wir befinden uns schon mittendrin!

Ich bin davon überzeugt, dass wir dadurch an einer Schwelle von ungeahntem Ausmaß stehen. Wir erwachen ganz langsam aus unserem Jahrtausende dauernden Schlaf der Unbewusstheit und haben ein Auge schon einen kleinen Spalt weit geöffnet. Ich glaube, nein, ich weiß, dass die Menschheit vor ihrem größten Umbruch steht seit Menschengedenken (was für ein Wort!). Und es wird nicht mehr von *außen* "gemacht", sondern wir werden uns immer bewusster, dass alles von *innen* kommt. Aus uns selbst heraus. Wir sind auf einem völlig neuen Weg - mit vollkommen neuen Gedanken und Handlungen.

Und genau dieser Weg führt von *innen* nach *außen* und nicht mehr wie bisher von außen nach innen - zu dem, was wir Unterbewusstsein nennen oder Intuition, manche sagen auch Seele. Zu dieser Kraft, die viel mehr weiß, als uns bisher klar war, und die uns aufwachen und rauskommen lässt aus den ewigen Schuldzuweisungen und Urteilen, aus unseren Dramen und Kämpfen. Nach *innen*, wo alle Zusammenhänge eine besondere Klarheit bekommen und wo wir anfangen zu begreifen, dass alles EINS ist und nichts getrennt sein kann.

Ich bin der felsenfesten Überzeugung, dass wir uns schon aufgemacht haben zu dem einen großen Ziel: endlich zu verstehen, dass wir wirklich der Schöpfer unseres eigenen Lebens sind. Oder deutlicher: unserer eigenen Realität. - "Ach so", werden jetzt manche sagen, "das weiß ich ja schon alles!" Sind Sie sich sicher? Oder brauchen Sie vielleicht doch noch die ein oder andere Information zu diesem Thema, um wahrhaftig bei sich anzukommen? Um es umzusetzen?

Ich traf in München einmal eine alte Bekannte bei einem Vortrag des Dalai-Lama. Es waren 12000 Menschen gekommen, um diesem liebenswerten, weisen Mann zu lauschen, und so fragte ich diese Bekannte nach dem Vortrag, wie es ihr gefallen habe.

“Ach weißt du”, gab sie mir zur Antwort, “er hat mir nichts Neues sagen können ...”

Ohne zu überlegen, sagte ich darauf ganz spontan: “Hast du das Alte denn schon so verinnerlicht, dass es in deinem Leben greift?”

Sie schaute mich verwundert an und musste lachen: “Da hast du recht, das habe ich noch lange nicht.”

Bei diesem kurzen Gespräch wurde mir selbst auch einmal klar, dass die Theorie hineindrängt in die Welt, dass es allerdings noch gewaltig an der Umsetzung hapert. Damals beschloss ich, dass ich mir ab sofort immer ganz viele Perspektiven anschauen werde von ein- und derselben Sache und dass ich dann versuchen werde, es nicht bei der theoretischen Betrachtung zu belassen, sondern dass ich einen Weg finden werde, das Begriffene auch in mein alltägliches Leben mit einfließen zu lassen. Und ich muss sagen, es hat mich sehr viel weitergebracht, als ich es mir erträumt hätte ... Der Satz “Das weiß ich schon” kann verhindern, dass man genau die Ansicht bekommt, die einem zu einem wirklich tieferen Verständnis gefehlt hat.

Wie können wir nun lernen, unsere Informationen, unsere innere Stimme zu hören? Besser zuzuhören und nicht mehr an die Zufälligkeit des Augenblicks zu glauben? Ganz einfach: Zuerst sollten wir lernen, still zu werden, wir sollten lernen, unsere Tausenden von Gedanken zu fokussieren und uns einen natürlichen Filter einzubauen, um nicht dienliche Gedanken von dienlichen zu trennen. Und wir müssen erkennen, welche Gedanken, Informationen und Erfahrungen von uns selbst sind und welche Gedanken wir von anderen übernommen haben. Diese Lernschritte kann man zusammenfassen in einem Wort: Meditation. Manchmal braucht es allerdings auch eine ganze Menge Mut, um seiner inneren Stimme so viel Platz einzuräumen. Und um all dies in sich zu finden und zu entwickeln, bedarf es einiger Übung, weil Übung bekanntlich den Meister macht.

Viele werden jetzt denken: "Oh Gott, Meditation, wie langweilig!" Aber ich versichere Ihnen, dass dies nicht der Fall ist. *Für mich* ist Meditation alles! Alles, was ich bewusst mache. Meine schönste Meditationsart ist ein Spaziergang in der Natur. Hier höre ich alles am deutlichsten und sehe um ein Vielfaches klarer. Aber auch meine Dusche ist ein wunderbarer Ort, um genau hinzuhören - auf Informationen aus meinem Inneren. Oder beim Tanzen ... Im Laufe der Zeit habe ich einen ganzen Zyklus entwickelt: Ich habe ihn "Abenteuer Meditation" genannt. Er beinhaltet vielfache Arten der Meditation, getanzte, geführte, bewegte, Meditationen mit Fokus, Meditationen in innere Räume, heilende und wahrlich dynamische Arten der Verinnerlichung. Im Grunde geht es eigentlich nur um eines: um Bewusstwerdung. Ich möchte mir meiner selbst bewusst werden, mit all meinen Anteilen und Mustern, um der wahre Schöpfer meines Selbst zu werden.

Aber um mich dorthin zu bringen, wo ich die Informationen, die mir zufließen, hören und für mich nutzten kann, geht kein Weg an mir selbst vorbei. Es ist unbedingt erforderlich, zuallererst sich selbst kennenzulernen, bevor man in die "höheren Sphären" eintauchen kann. Warum? Weil ich sonst immer und immer wieder an den Mauern meiner alten, tiefsitzenden Muster hängen bleibe und weil dadurch niemals Veränderung geschehen kann. Kennen Sie das? Dass sich die Geschichten immer wiederholen in Ihrem Leben und dass Sie - trotz der festen Überzeugung, etwas verändert zu haben - plötzlich wieder vor denselben Scherben stehen? Wenn Sie das mit ja beantworten können, dann haben Sie nur eines versäumt: sich selbst wirklich ganz aus der Nähe zu betrachten.

In meinem Leben gab es viele Situationen, in denen ich unerschütterlich davon überzeugt war, dass ich etwas grundlegend geändert hatte - um letztlich doch wieder gegen die gleichen Hindernisse zu rennen. Einmal dachte ich, endlich den richtigen

Partner gefunden zu haben, weil der so völlig anders war als sein Vorgänger. Und das stimmte auch. Er war zuvorkommend, liebevoll und verlor nie die Beherrschung. Er verwöhnte mich und trug mich auf Händen, zumindest eine Zeit lang. Der Vorgänger war einer von der eher cholerischen Sorte gewesen und hatte wenig Gutes an mir gefunden. Als es aber auch in der neuen Beziehung am Ende zum totalen Zusammenbruch kam, verstand ich die Welt nicht mehr. Erst mit einem gewissen Abstand konnte ich erkennen, dass es überhaupt nichts, aber auch gar nichts nützt, das Außen zu verändern, wenn man das Innen, also sich selbst, vergessen hat. So erfuhr ich damals - recht schmerzhaft -, dass es nur durch mich selbst geht und nicht durch andere. Eine aufschlussreiche Lektion!

Ich hatte einige dieser Lektionen und habe viele Lehrer in meinem Leben gehabt. Ich bin in ganz viele Richtungen gegangen und habe Unmengen an Lehren ausprobiert. Aber erst als ich begann, mich ganz mit mir zu beschäftigen und die Frage "Wer bin ich?" zu stellen, stand ich am wirklichen Anfang - am Anfang einer ungeahnt tiefen Bewusstheit, die alles umfasst, was ich für mein Leben und meinen eigenen Weg benötige.

Und das ist so viel mehr, als ich selbst in meinen kühnsten Träumen jemals gedacht hätte. Durch den Weg zu mir bin ich in der Fülle gelandet, im Glück und in der Leichtigkeit - und natürlich auch in der Liebe! Dafür, so glaube ich, lohnt es sich, sich selbst erst einmal wirklich zu erforschen. Ich würde es immer wieder tun, vielleicht etwas unspektakulärer, aber niemals mehr würde ich jemand anderem folgen als mir selbst. Denn nur so hinterlasse ich meine eigenen Spuren ... ich könnte auch sagen: Informationen.

So habe ich es mir zur Aufgabe gemacht, die Menschen dabei zu unterstützen, sich selbst zu erkennen und verstehen zu lernen, damit sie sich als das sehen können, was sie wirklich sind. Alle Informationen, die Sie über sich gesammelt haben, fügen Sie zu einem großen Bild zusammen, um dann am Schluss zu sehen, wie großartig Sie sind und was für eine Aufgabe Sie im Leben verfolgen. Ich nenne diese Arbeit *Lebensmosaik*. Vielleicht ist Ihnen einiges in diesem Buch bereits bekannt und eine "olle Kamelle" für Sie, aber vielleicht birgt es ja auch eine völlig neue Perspektive ...

Wir stehen am Anfang eines neuen Zeitalters, dem Zeitalter der Selbstverantwortung. Dadurch können wir all das wirklich verändern, was gerade so schiefläuft auf dieser Welt. Wenn wir lernen, die Verantwortung für unser Tun und Handeln, für unsere Emotionen und unsere Gedanken endlich wirklich zu übernehmen, dann wird sich dies auch im Außen spiegeln und Unmengen an wunderbaren Veränderungen mit sich bringen. Das Ganze geht nicht - wie es über Jahrhunderte, sogar Jahrtausende üblich war - über die Demonstration von Stärke und Kampf, sondern nur über das Erweitern des Bewusstseins zur eigenen Stärke und zu der alles umfassenden Liebe in jedem! Klingt kitschig? Mag sein, aber manchmal ist das Natürlichste gleichzeitig auch das Kitschigste ...

Anfangen kann man nur bei sich selbst. Denn nur über das Beispiel, das ich gebe, können auch andere lernen. Und weil ich nur bei mir selbst beginnen kann, ist der erste Schritt zur wahren Bewusstheit wohl auch, sich selbst bis ins letzte i-Tüpfelchen zu erforschen. Dafür gehen wir sozusagen in die Grundschule, in der wir unser Lebensmosaik zusammensammeln. Jedes gefundene Steinchen wird uns deutlicher machen, wer wir wirklich sind, um am Ende vor dem einmaligen Bild unseres Selbst zu stehen. Und: Es werden wunderschöne Bilder sein, die da entstehen, denn wir sind wahrhaftig wunderschöne Wesen. Alle. Ohne Ausnahme.

Das ist auch der Weg, den ich für mich gefunden habe. Zuerst sollte ich wissen, wer ich eigentlich wirklich bin. Fangen wir jetzt an, alles aus der eigenen Perspektive heraus zu verstehen, fangen wir an, uns aus unserer ureigenen Geschichte selbst zu entschlüsseln und zu entdecken. Wie kann man sonst das Universum begreifen, wenn man nicht einmal versteht, wer man selbst ist? Außerdem:

Deine Geschichte beeinflusst dein Herz, und dein Herz beeinflusst den Lauf der Welt!

Fangen wir an, Fragen zu stellen ... wobei auch hier gilt: im Inneren anfangen. Warum bin ich in diese Familie inkarniert, warum in diesem Land, warum in dieser Gesellschaftsform mit dieser Religion? Was habe ich gelernt von all den Menschen in meiner unmittelbaren Nähe, was habe ich übernommen von meinen Lehrern, was denke ich, was fühle ich und was glaube ich? Welche Meinung habe ich mir über mich gebildet? Wie gehe ich mit Menschen um, und wie gehen die anderen mit mir um? Was haben sich für Begabungen herauskristallisiert - und nutze ich diese? Bin ich auf meinem Weg unterstützt oder eher behindert worden? Welche Rolle spielen Gefühle in meinem Leben, oder welche Verletzungen sind bis heute noch nicht ausgeheilt? Kenne ich Geborgenheit, Glück und Liebe? Oder sind das Fremdwörter in meinem Erdendasein? Was ist Bewusstheit, und habe ich schon jemals etwas wirklich tief erfahren? Kenne ich mehrere Perspektiven von der gleichen Erfahrung, oder bin ich gedanklich auf eine Richtung fixiert? Kommuniziere ich gern und viel, oder bin ich eher jemand, der nichts von sich preisgibt, und welche Gründe habe ich dafür?

Tausende, nein Abertausende von Fragen fallen mir ein, wenn ich beginne, über mich nachzudenken. Fragen, die eine Antwort haben wollen und die ab jetzt auch eine bekommen werden. Von wem, fragen Sie? Natürlich von Ihnen selbst. Weil Sie der einzige Mensch auf Gottes weiter Erde sind, der Ihnen diese Antworten geben kann. Dazu müssen wir nur eines lernen: hinhören! In sich reinhorchen und -fühlen, was da an weisen Antworten schon lange in Ihnen schlummert ... **Das Unbewusste bewusst machen!** Damit Sie nicht mehr fehlgeleitet werden können. Nicht mehr fehlgeleitet sind!

Lernen Sie, die Energien zu spüren, die Sie umgeben, machen Sie sich die Frequenzen bewusst, mit denen Sie andere Menschen anziehen oder gar abstoßen. Studieren Sie Ihre Familienenergien, die meist über viele Generationen wirken. Lernen Sie, die Botschaften zu erkennen, die Ihnen helfen wollen, den nächsten Schritt zu tun. Üben Sie, Gedanken zu fokussieren und Ihre Gedanken zu beruhigen. Sehen Sie in Ihrem Gegenüber einen Spiegel, um sich selbst zu erkennen. Und lernen Sie, wieder gute, schöne Gedanken in Ihr Leben zu lassen - trainieren Sie Ihr Glück an jedem, wirklich jedem wunderbaren Tag!

Da Sie bis hierhin weitergelesen haben, scheint dieses Buch auch für Sie eine brauchbare Information in sich zu tragen. Wunderbar! Nutzen Sie dieses Buch unbedingt als Anregung für viele innere "Reisen" zu all den unbeantworteten Fragen Ihres Lebens. Ich fordere Sie auf, beim Lesen manchmal innezuhalten und kurz darüber nachzudenken, was die Worte für Sie bedeuten und was Sie dabei empfinden. Das hilft, eine wirkliche Information daraus zu ziehen.

Nur noch schnell eine Erklärung, damit Sie mich nicht gleich in eine der altbekannten Schubladen stecken müssen: Ich schreibe hier nicht auf der Basis einer Religion oder esoterischen Lehre, auch nicht auf der Basis einer New-Age-Richtung oder neuartigen Heilmethode. Ich schreibe dies ganz aus mir heraus, ohne Anbindung an einen anderen Glauben als meinen eigenen. Für mich fängt Gott hinter den Religionen an, und ich bin inzwischen mein eigener Lehrer geworden und damit natürlich auch mein eigener Guru (was dasselbe ist!). Ich bin die Königin in meinem eigenen Königreich. Und das Tor, das in dieses Reich führt, benötigt einen Schlüssel: die Bewusstheit. Bewusstheit ist der Schlüssel! Ich lade Sie jetzt herzlich ein, mit mir auf die Reise zu gehen, um genau diesen Schlüssel zu finden - den Schlüssel, der wahrscheinlich ganz viel in Ihrem Denken und Handeln verändern wird.

Teil 1:

Grundsätze

Grundsätzliches

Bevor man beginnt, sich wirklich mit sich selbst auseinanderzusetzen, sollte man erst einmal einige grundsätzliche Denkweisen in sein Leben integrieren. Diese mögen manchem neu erscheinen und einem anderen vorkommen, als ob man sich schon wirklich lange damit angefreundet hätte. Erst wenn uns ganz vieles bewusst geworden ist, können wir die bis dahin verborgenen Wege erkennen, die uns auf den einen Pfad bringen, der zu uns führt. Erst wenn wir uns die scheinbar unsichtbaren Dinge wieder in unser Gesichtsfeld und in unser Bewusstsein geholt haben, werden wir die Kraft haben, wirkliche Veränderungen herbeizuführen.

Es gibt vieles, was uns daran hindert, auf diesen Weg zu gelangen. Meist sind es die herrschenden Normen, die aufgestellt wurden von der Gesellschaft, in der wir leben, oder von der Familie, aus der wir kommen. Behindert werden wir auch durch unsere tiefen Zweifel, die oft hohe Mauern in uns errichten. Doch wenn wir wirklich mit unserem Inneren verbunden sind, werden diese Mauern einbrechen. Vieles, was als unabänderlich, als unumstößlich gilt, löst sich mit der Zunahme der Bewusstwerdung ganz sanft in nichts auf. Plötzlich erkennen wir mehr Perspektiven einer einzigen Sache, und plötzlich können wir wählen. Nur weil wir gelernt haben, wer und was da in uns wirkt! Weil wir gelernt haben, es mit anderen Augen zu betrachten: mit den Augen der Seele!

Es bedarf wirklich nur weniger grundsätzlicher Gedanken, die wir (wieder) in unser Leben integrieren sollten. Es wird uns bestimmt nicht jeder Gedanke vertraut und sofort umsetzbar erscheinen, manchmal stehen noch zu große Mauern und Widerstände dazwischen. Aber es lohnt sich, sich zumindest einmal damit zu befassen. Ein paar Gedanken lang. Und dann, wenn man gelernt hat, dass wirklich alles miteinander verbunden ist, kommen diese Grundsätze ganz automatisch hinzu, zu dem wunderbaren Erfahrungsschatz, aus dem wir alles zusammensetzen, was wir denken, tun und fühlen.

Bei den Grundsätzen handelt es sich meist um ganz einfache Begriffe und Anliegen. Dinge, die wir schon oft gehört und sogar für gut oder lebenswert gehalten haben. Und es stimmt, es ist wahrlich nichts Neues an diesen Grundsätzen, und theoretisch haben wir das ja auch schon in unser Leben integriert - aber eben nur theoretisch! Es wird Zeit, dass wir die Theorie verlassen und endlich beginnen, solche Grundsätze allumfassend in unser tägliches Leben einzubauen. Wir müssen sie lebendig werden lassen, damit sie sich unendlich verstärken können in unserer wunderbaren Weltengemeinschaft.

Diese hier formulierten Grundsätze erheben keinerlei Anspruch auf Vollständigkeit. Deshalb fordere ich Sie auf, die bestehenden zu komplettieren und weitere zu erarbeiten. Auf meiner Homepage werde ich eine Seite nur für Grundsätze zur Verfügung stellen - in der Hoffnung, dass dort ein reges Forum entsteht, in dem wir gemeinsam an neuen grundsätzlichen Themen unseres Lebens arbeiten können. Bauen Sie an Ihren eigenen Grundsätzen, und teilen Sie sich mit! Nur so können wir etwas Gemeinsames bewirken. Danke!

1. Grundsatz:

Hören Sie auf mit Schuldzuweisungen

Ich beginne mit einer Frage, die sehr häufig gestellt wird: Wie kann Gott so etwas zulassen? Wo war er nur?

Wir machen Gott oder eine höhere Macht dafür verantwortlich, dass irgendetwas nicht so gelaufen ist, wie wir uns das gewünscht hätten. Für viele Menschen ist es in solchen Situationen wichtig, einen Schuldigen zu finden. Hat man diesen ausgemacht, kann man sich beruhigt zurücklehnen und braucht nichts mehr zu tun. Und so kommt es, dass meistens nichts aber auch gar nichts verändert wird an der momentanen Situation, außer dass man einem Einzigen oder einer bestimmten Gruppe oder dem einen Gott die Verantwortung aufs Auge drückt. Und wir können uns bequem aus eben dieser raushalten ... Deshalb fragen wir gern: Wie kann Gott so etwas zulassen? Wo war er nur?

Es wird aber neben Gott in der Regel immer eine Menge Schuldige geben, die sich anbieten: ein Attentäter, der Politiker, der Staat, die Eltern und noch eine ganze Reihe anderer. Anscheinend brauchen wir immer noch einen Schuldigen auf dieser Welt, in diesem System, in dem wir gerade leben.

Aber hat sich schon einmal irgendwer gefragt, was wir selbst mit all den Katastrophen zu tun haben, die tagtäglich auf unserem schönen Planeten stattfinden? Wäre das nicht wenigstens für einen ganz, ganz kleinen Augenblick einen Gedanken wert? Nein, natürlich nicht, weil wir doch nun wirklich nichts damit zu tun haben, wenn in Afghanistan die Menschen sterben! Die wundervolle Byron Katie würde jetzt fragen: Ist das wirklich wahr? Wenn wir daran glauben, dass alles miteinander verbunden ist und dass wir im Endeffekt alle eins sind, haben wir dann noch immer keinen Anteil? Nein? Glauben Sie das wirklich? Wenn es der Wahrheit, Ihrer Wahrheit, entsprechen würde, dass Sie Gott sind oder zumindest ein Teil Gottes, würde dann die Frage nicht heißen: Wie konnte *ich* es zulassen, dass so etwas passiert? Uff! Und sofort taucht da ein neuer Gedanke in mir auf: Wenn wir es bis heute nicht geschafft haben, den wahren Frieden in uns selbst zu erschaffen, warum sollte er sich dann im Außen spiegeln?

Falls Sie jetzt noch immer weiterlesen und das Buch nicht schon längst empört zur Seite geschleudert haben, dann gehören Sie wahrscheinlich zu den Menschen, die jetzt schon bereit sind, für sich und ihr Handeln die Verantwortung zu übernehmen. Dann gehören Sie zu den Wachen, zu den Bewussteren auf dieser Welt. Ich gratuliere Ihnen und heiße Sie als 124. Mitglied in diesem Club der Außenseiter herzlich willkommen. Gleichzeitig möchte ich Sie aber auffordern, nicht das Handtuch zu werfen, wenn das nächste Mal wieder ein ganz starker Gegenwind herrscht und Sie verzweifelt feststellen, dass Sie mit Ihrer Meinung oft recht einsam dastehen. Nicht aufgeben! Es gibt immer mehr von uns - immer schneller! Wenn Sie mit gutem Beispiel vorangehen und dastehen wie eine Eins, dann können andere auch erkennen, dass es hinter der sogenannten Realität noch viel, viel mehr ungeahnte Möglichkeiten gibt als die, die wir bis heute in Betracht gezogen haben. Sobald wir erkannt haben, dass es immer zuerst bei uns selbst beginnt, dann sind wir schon auf dem Weg, der zur

Einheit mit allem führt, besser bekannt unter dem schönen Begriff: Liebe.

Wir können nichts, aber auch gar nichts im Außen verändern, wenn wir nicht die Veränderung in unserem Inneren erschaffen haben. Wenn ich Frieden auf dieser Welt haben will, muss ich erst Frieden in mir und in meinen Gedanken schaffen - und nirgends sonst! Und vor allem: Nicht *gegen* den Krieg sein, sondern *für* den Frieden. Oh, Sie meinen, das Ganze haben Sie schon so oft gehört, von ganz vielen besonderen Lehrern oder aus den verschiedensten Schriften oder Büchern oder von Ihrer Oma? Sie sind ja schließlich ein äußerst friedliebender Mensch und leben das auch schon? Also betrifft es Sie wieder einmal nicht wirklich, was hier steht? Ist das wirklich wahr? Oder schimpfen Sie heimlich und voller Wut auf Ihren Chef oder Ihre Frau? Haben Sie Streit mit Ihren Nachbarn, oder werden Sie gemobbt? Müssen Sie ganz viel dafür tun, um geliebt zu werden? Oder beißt Ihr Hund? Dann muss ich Ihnen leider mitteilen: Solange Sie diese Erfahrungen in Ihrer unmittelbaren Umgebung machen, so lange können Sie sicher sein, dass Ihr Inneres diese Energien angezogen hat. Weil Sie noch nicht wirklich die Verantwortung für all diese Emotionen übernommen haben, die da in Ihrem tiefsten Kern schlummern.

Ich habe einen Vorschlag für Sie, wie Sie die Energien um sich herum verändern können, ohne dass Sie versuchen, die anderen zu verändern: Hören Sie mit dem heutigen Tag auf, Schuld zu suchen, weder bei anderen noch - und das ist sogar wichtiger - bei sich selbst. Schuld ist nur dazu da, um uns vom Wesentlichen wegzubringen, von unserem Kern. Es wird Ihnen nicht immer gelingen, aber je mehr Übung Sie haben, desto leichter wird es. Sie werden erkennen, wie plötzlich alles um Sie herum friedlicher, glücklicher, fröhlicher und unbeschwerter wird - nur weil Sie Ihre innere Einstellung verändert haben. Das ganze Leben kann dadurch eine nie gekannte Leichtigkeit erfahren - nur weil Sie die Schuldzuweisung aus Ihrem Dasein verbannt haben. Aber richtige Verbannung ist es ja eigentlich nicht, nur die Kehrseite einer ganz bestimmten Energie. Was, glauben Sie, ist das Gegenteil von Schuldzuweisung? Denken Sie einmal einen kurzen Augenblick darüber nach. Was ist für Sie das Gegenteil von Schuldzuweisung? Haben Sie es? Super, dann wissen Sie auch, welche Energie ganz stark in Ihnen zu wirken beginnt, wenn Sie die Schuldzuweisung abgelegt haben. - Ich bin mir sicher, dass Sie jetzt lächeln!

Der 1. Grundsatz lautet:

Hören Sie mit dem heutigen Tag auf,
Schuld zu suchen - weder bei sich selbst
noch bei anderen!

Es ist niemals einer allein, der etwas "anstellt", es sind immer die Gedanken aller Menschen, die ihre Wirkung zeigen. Und nicht etwa, weil sie es so wollen, sondern weil sie vielleicht wegschauen oder genau für diese Emotion in sich selbst die Verantwortung ablehnen - oder weil sie große Angst davor haben.
Statt in Zukunft in die Schuldzuweisung zu gehen, stellen Sie sich doch einfach einmal die Frage: Warum beschäftigt mich diese Situation so anhaltend? Warum begegnet mir diese Energie? Was hat sie mit mir zu tun, und was will sie mich lehren?
Es wird sicher nicht sofort klappen, aber üben Sie! Sie werden sich wundern, was das bewirkt in Ihrem Leben. Ein guter Anfang!

2. Grundsatz:

Suchen Sie nicht immer das Haar in der Suppe

Wenn Ihnen heute ein Mensch über den Weg läuft, der Ihnen irgendwie komisch kommt oder über den Sie sich ganz besonders ärgern, dann versuchen Sie einfach einmal, die allerbeste Seite dieses Menschen zu erkennen statt der miesen Seite, die er Ihnen scheinbar präsentiert. Erinnern Sie sich immer daran, dass jeder Mensch immer nur ein Spiegel Ihres Inneren ist - und batsch: Schon sind Sie wieder bei sich selbst angelangt. Wir können immer nur das im anderen erkennen, was wir auch wahrhaftig in uns selbst tragen. Alles andere kann uns schon deshalb nicht berühren, weil wir es niemals sehen könnten (oder fühlen, schmecken, riechen, denken, hören ...).

Wenn zum Beispiel ein Freund oder Kollege irgendetwas Urteilendes über mich sagt, dann frage ich mich immer: Welche Energie sende ich aus, dass ich das anziehe? Was ist es, was ich mir anschauen soll, um meine Lektion zu lernen, auch wenn ich davon überzeugt bin, dass ich damit gar nichts zu tun habe? Neulich sagte eine alte Bekannte zu mir: "Du warst schon immer etwas skurril." Da ich mir schon lange abgewöhnt habe, auf solche wertenden Aussagen emotional zu reagieren, konnte ich mit dem nötigen Abstand darüber nachdenken, ich war nicht in der Reaktion. Ich überlegte mir, warum sie nur genau diesen Anteil in mir sehen konnte, den skurrilen. Sie hätte durchaus auch etwas anderes in mir wahrnehmen können, wie zum Beispiel Warmherzigkeit oder Humor oder aber Besserwisserei ... Nein, sie hat sich für die Skurrilität in mir entschieden, was heißt: Ihre eigene Skurrilität ist auf Resonanz mit der meinen gegangen. Ich meine, das ist jetzt keine besonders schmeichelhafte Eigenschaft, die sie da in mir sah (was natürlich Auslegungssache ist! Ich weiß, ich weiß ...).

Aber genau das tun die allermeisten Menschen jeden Tag: Sie suchen sich erst einmal die weniger schönen Eigenschaften eines Menschen aus und urteilen dann auf Teufel komm raus. Sie finden quasi *das Haar in der Suppe!* Viele Menschen beurteilen die vor ihnen stehende Person - oder schlimmer: den Menschen, der gar nicht anwesend ist -, und sie picken sich nicht etwa die strahlenden Anteile heraus, sondern die negativen. Das ist es, worin wir geübt sind: Wir suchen und finden immer das Haar in der Suppe des anderen, den Haken an der Sache. Ja, wir reagieren sogar misstrauisch, wenn es da nichts zu finden gibt. Wir sind so daran gewöhnt, das zu tun. Haben Sie schon einmal versucht, in den Menschen nur das Allerbeste zu sehen? Das, was wirklich jeder auch in sich trägt? Das, was unseren Kern spiegelt? Ohne Ausnahme!

Nehmen Sie sich einmal gedanklich Ihren größten Widersacher vor, und versuchen Sie, nur die allerbeste Seite an ihm zu erkennen. Ich weiß, das ist eine wirklich ungewohnte und meist auch schwierige Übung. Aber probieren Sie es. Was verändert sich dann in Ihnen in diesem Augenblick? Setzt das nicht genau die Energie in Ihnen selbst frei, die Sie gerade versuchen zu erkennen? Verstehen Sie nun, wie es ist, wenn man in den Spiegel schaut, in den Spiegel seiner eigenen Seele? Also, wenn Sie das nächste Mal zum Beispiel die Skurrilität einer Person zuerst erkennen, seien Sie sich bewusst, dass es nur ein Spiegel für Ihre eigene Skurrilität ist! Und erkennen Sie bitte auch gleich Folgendes: Um vollständig zu sein, müssen Sie jede Eigenschaft in sich tragen. Sonst fehlt Ihnen etwas!

Ich habe einmal eine schöne Geschichte gehört: Zu der Zeit, als Georg W. Bush gerade den Krieg gegen den Irak begonnen hatte und alle Welt ihn dafür verurteilte, gab es auf Hawaii eine Konferenz von besonders hellsichtig begabten Kindern. Diese Kinder wurden am Ende des Treffens gefragt, ob sie irgendetwas sehen könnten, was George W. Bush stoppen würde. Nach langem In-sich-Gehen beschlossen die Mädchen und Jungen, eine Meditation für den Präsidenten zu machen - und zwar für den jungen Bush im zarten Kindesalter, als er noch ein kleiner Junge war. Sie wollten ihn dort erreichen, wo er noch ganz weich sein durfte und nicht so verhärtet und machthungrig. Und sie wollten sein Herz, seine tiefsten Gefühle wachrufen, damit diese starke Energie den Präsidenten durchdringen und er sich erinnern konnte an das, was er ursprünglich einmal gewesen war: ein warmherziger, mitfühlender Mensch. Sie appellierten in ihrer Meditation an das Allerbeste in ihm, um es zu stärken ...

Als ich diese Geschichte damals hörte, wurde mir schlagartig klar, dass dies genau die Lösung sein könnte. Hören wir auf, auf den (in jedem vorhandenen) negativen Emotionen herumzureiten, und sehen wir stattdessen die wirklich wunderbaren (auch in jedem vorhandenen) Emotionen! Das würde automatisch genau diese Energie in der Person verstärken, mit der ich mich befasse, und, was fast noch besser ist: Es stärkt auch genau diese Energie in mir selbst. So bekommt der Satz "Alles, was du anderen tust, tust du für dich" eine wunderbare neue Bedeutung!

Fehlt Ihnen in Ihrem Leben etwas, gibt es einen Mangel oder etwas scheinbar Unerreichbares, so versuchen Sie, genau diese Dinge in Ihrer Umgebung zu sehen, zu erkennen. Wenn mir zum Beispiel Sicherheit fehlt, nehme ich wahr, wo andere Menschen Sicherheit gewähren. Versuchen Sie, in jedem Menschen, der näher mit Ihnen zu tun hat, das zu finden, was Ihnen fehlt. Und Sie werden überrascht sein, wie viel Sie sehen können. Es wird schlagartig mehr werden, und je mehr es wird, desto sichtbarer wird es in Ihnen. Sie kommen plötzlich in die Lage, anderen Sicherheit geben zu können und ... schon erhalten Sie von allen Seiten auch die Sicherheit, die bisher Mangelware in Ihrem Leben war.

Im Klartext: Alles, was ich in einem anderen erkenne, trage ich auch in mir. Bin ich bereit, das Schöne, Strahlende in jedem zu sehen, werde ich es in mir entwickeln und nach außen senden.

Also, suchen Sie ab dem heutigen Tag nicht mehr das Haar in der Suppe bei Ihren Mitmenschen, sondern versuchen Sie, den eigentlichen, wahren Kern in jedem zu sehen. Hören Sie auf, die Menschen leichtfertig und schnell abzuurteilen. Denken Sie immer auch an die Spiegelbilder, die Ihnen dabei vorgesetzt werden. Denn wenn Sie über eine Person lästern oder Schlechtes erzählen, erzählen Sie immer nur von sich. Weil Sie in diesem Moment nur das sehen können, was Sie selbst in sich tragen. So einfach ist das. Am besten ist es, Sie halten sich ganz raus, wenn viel negatives Gerede herrscht. Wenden Sie sich notfalls ab und gehen Sie. Versuchen Sie nicht, die anderen zu beeinflussen. Die sind da, wo sie eben momentan sein können. Sie können keinen Menschen ändern, aber Sie können sich verändern. Das ist das Wichtigste!

Ich hatte einmal ein dafür typisches Erlebnis auf einer Geburtstagsparty einer Bekannten. Wir unterhielten uns in einer kleinen Gruppe angeregt darüber, dass alles ein Spiegel ist. Es war eine sehr inspirierende Diskussion, und alle Beteiligten stimmten untereinander überein, dass das Urteilen keine besonders erstrebenswerte Sache sei. Viele hatten schon einige Workshops zu diesem Thema gemacht und teilten jetzt aufgeregt ihre Erlebnisse mit. Sie erzählten, wie sie es geschafft hatten, das Urteilen nicht mehr gar so laut werden zu lassen in ihrem Leben. Es war ein besonders beglückendes Gespräch für alle Beteiligten.

Später saßen wir dann an einem großen Tisch zum Essen zusammen. Eine junge, sehr attraktive Frau hatte sich gerade verabschiedet, als ausgerechnet meine Diskussionspartner von vorhin unvermittelt über jene Frau herzogen. Ich saß da und konnte es nicht fassen, dass sie die Zusammenhänge nicht erkannten. Dass das, was soeben noch gegolten hatte, plötzlich Schall und Rauch war. Einer der Männer ereiferte sich besonders stark und erzählte, wie schlimm dieses "Weib" eigentlich sei. Während er immer intimere Details von ihr preisgab, trafen sich unsere Blicke. Ich schaute ihm tief in die Augen und hatte wohl ein riesiges Fragezeichen auf meiner Stirn. Er verstand, hielt plötzlich mitten im Redeschwall inne und wurde sich bewusst, was hier ablief. Erschrocken und verwirrt schaute er in die Runde, murmelte etwas von "Ist ja auch ihre Sache ..." und zog sich komplett aus diesem "Gespräch" zurück. Man konnte ihm deutlich ansehen, was er soeben erkannt hatte. Ich bin mir sicher, dass ab sofort weniger Urteil in seinem Leben war. Er hatte es gerade am eigenen Leib erfahren. So lernt man! Aber auch wenn wir noch stetig in diese Fallen rauschen, sollten wir doch immer dranbleiben. Bis wir es wirklich verinnerlicht haben. Üben Sie auch das, jeden Tag. Dies wäre dann ein Quantenschritt zum Frieden in sich selbst, und damit zum Frieden auf dieser Welt. Damit hätten Sie dann Ihren Beitrag dazu geleistet. Respekt!

◉ ◉ ◉ Der 2. Grundsatz lautet: ◉ ◉ ◉

Hören Sie jetzt auf, über andere zu urteilen!

Stattdessen sollten Sie sich bewusst werden, dass Sie immer nur das erkennen, was Sie selbst in sich tragen. Falls Sie wieder einmal versuchen, jemanden in ein schlechtes

Licht zu rücken, fragen Sie sich, was Sie gerade über sich selbst preisgeben. Und hören Sie sich genau zu. Ist das, was Sie da über einen anderen erzählen, etwas, das Sie nicht in sich zulassen? Wofür Sie keine Verantwortung übernehmen wollen oder können? Oder ist es etwas, das Sie gern in Ihrem Leben hätten? Oder? Oder? Oder? Wenn Sie bereit sind, den Spiegel zu erkennen, machen Sie einen riesigen Entwicklungsschritt auf sich selbst zu. Zögern Sie nicht!

3. Grundsatz:
Erkennen Sie Zusammenhänge

Wer kennt nicht das Bild vom Flügelschlag des Schmetterlings, der einen Hurrikan am anderen Ende der Welt auslöst? Der sogenannte "Schmetterlingseffekt". Ein Effekt, der besagt, dass komplexe, dynamische Systeme sehr empfindlich reagieren - auf kleinste Veränderungen, die zu einer völlig unerwarteten Entwicklung führen und am Ende ein ganzes System vollständig und mächtig verändern können.

Doch dieser Schmetterlingseffekt kann nicht nur in der Natur beobachtet werden, er geschieht auf allen Ebenen. Es gibt unsagbar viele Beispiele hierfür. Ein ganz populäres ist wohl der Mauerfall in Deutschland in der Nacht vom 9. auf den 10. November 1989. Am Anfang war es nur der stille Mut einiger weniger - das war er dann, der erste Flügelschlag. Der Sturm wurde später freigesetzt durch Rufe wie: "Das Volk sind wir." Ein Sturm der Begeisterung, ein Sturm, der millionenfachen Widerhall fand. Hätten die wenigen am Anfang nicht etwas völlig Neues gemacht oder gar aufgegeben mit ihren Montagsdemonstrationen, wäre es wahrscheinlich nie zur deutschen Wiedervereinigung und zum Fall des ganzen politischen Systems gekommen. Rückwirkend kann man deutlich die Zusammenhänge erkennen, die dort und damals stattfanden: Oberflächlich betrachtet war es das System, das eigentlich schon lange nicht mehr funktionieren konnte. Aber betrachtet man sich das Ganze mal aus einer anderen Perspektive, so spielten hier die Energien die Hauptrolle. Die Menschen waren zunehmend unzufrieden, eingeschlossen, also unfrei, und sie fühlten sich stark kontrolliert. Ein verzerrtes hierarchisches System bevorzugte diejenigen, die der Regierung nach dem Mund redeten. Die Emotionen schwappten immer höher, wurden stärker und am Ende explodierten sie geradezu. Ja, die Menschen waren sogar bereit, dafür zu sterben, um etwas zu verändern. Was mit einem scheinbar harmlosen Flügelschlag begann, endete mit dem totalen Zusammenbruch eines bis dahin stark erscheinenden Systems.

Die damalige DDR-Führung hatte einen der ältesten Fehler der Welt gemacht, sie hatte nicht auf die Zusammenhänge geachtet. Will man etwas mit aller Gewalt (!) verhindern, dann verstärkt man es dadurch! Sie versteckten sich hinter ihrer Politmaske und taten so, als ob es den Menschen gut gehe in ihrem Staat. Übrigens: Dies ist ein oft verfolgtes Konzept in unserer Welt, das allerdings nur so lange funktionieren kann, wie alle Beteiligten mitspielen. Sie glaubten, die Bedürfnisse der Menschen einfach totschweigen und unterdrücken zu können, aber sie irrten. Zum Glück! Hätten sie die Verknüpfungen zwischen den Emotionen und dem daraus erwachsenden Widerstand erkannt und hätten sie danach gehandelt, wäre die DDR heute vielleicht noch ein Staat.

Alles auf dieser Welt hat einen Zusammenhang, ist miteinander verwoben. Es ist wie die Luft in Ihrem Haus. Glauben Sie, die Luft in Ihrem Wohnzimmer hört irgendwo auf und die im Flur beginnt dann, oder sehen Sie, wie sich "beide" vermischen? Wie sie ineinander übergehen, ineinanderfließen? Wie sie miteinander im Zusammenhang stehen? Genauso ist es mit den Gefühlen, den Emotionen und der Energie, die jedes Lebewesen aussendet auf dieser Welt. Alles steht im Zusammenhang. Glauben Sie, dass es völlig unwichtig ist, wie Sie heute handeln, und dass es keinerlei Einfluss auf die Personen hat, mit denen Sie zu tun haben? Ich sage Ihnen, es hat sogar Einfluss auf Personen, die Sie gar nicht kennen. Glauben Sie wirklich, dass Ihr Denken, Ihr Wegschauen, Ihre vielfältigen Emotionen, auch Ihre Liebenswürdigkeit und Ihre Wärme nichts bewirken auf diesem Planeten?

Sehen wir uns doch einmal die Flüchtlingslager der Ärmsten der Armen, zum Beispiel im Sudan, an. Dort finden wir alles vor, was man sich wirklich nicht freiwillig in sein Leben wünscht: bittere Armut, Hunger, Verzweiflung und große Angst um das eigene Leben. Dort besteht ein riesiger Mangel, der verstärkt wird durch die enormen Emotionen, die ihn begleiten, jeden Tag immer mehr. Man könnte dies auch einen "Manifestationspunkt" nennen. Denn genau von diesem und vielen anderen Punkten auf unserer gemeinsamen Erde geht er aus, der Mangel der Welt. Wenn wir nicht endlich anfangen, diese Mangelherde zu beseitigen, dann werden sie immens anwachsen und Auswirkungen auf Länder haben, die bisher als glänzendes Beispiel für Reichtum gehandelt wurden. Das allerbeste Beispiel ist zum Beispiel Kalifornien. Hätten Sie letztes Jahr noch geglaubt, dass es möglich ist, dass ein ganzer Bundesstaat fast pleite gehen kann? Zudem noch ein Bundesstaat, der scheinbar so viel Reichtum und Glamour in sich vereint? Und vergleichen Sie doch einmal die Bilder von den Zeltstädten der Flüchtlinge im Sudan mit den neu geschaffenen Zeltstädten in Kalifornien, wo die Menschen untergekommen sind, die von der Immobilienkrise betroffen sind.

Die Welt ist klein, und alles steht im Zusammenhang miteinander. Weil die Welt, weil *wir* es zugelassen haben, dass sich Mangelherde bilden, die immer größer wurden, müssen wir uns nun mit den Folgen davon auseinandersetzen. Mangel kann nur Mangel erzeugen, Krieg nur Krieg und Hass nur Hass. Und es schwappt immer mehr über in unsere ach so heile Welt, weil die Ausdehnung immer größer geworden ist, weil wir nicht über unseren eigenen Tellerrand hinausgeschaut haben. Auch heute denkt die Mehrheit der Bewohner der vermeintlich wohlhabenden Staaten, dass es sie nichts angeht, wenn irgendwo im Irak oder in China Menschen durch Militär- und Polizeiaktionen sterben. Solange wir denken, dass es zielführend ist, diese Mittel einzusetzen, so lange erzeugen wir mehr davon! Krieg erzeugt Krieg, so einfach ist das! Unsere Geschichte wird es zeigen, es geht momentan so schnell, dass es viele bewusst miterleben werden. Das Gesetz der Resonanz wirkt! Es wirkt weltweit - nicht nur bei unseren eigenen Wünschen und Vorstellungen.

Ein anderes Beispiel für Zusammenhänge: unsere heutige Wirtschaft und ihre unendliche Gier nach mehr. Hier wird mit einer schier unglaublichen Ignoranz über den Menschen hinweg bestimmt und gehandelt, sodass das Wort Unmenschlichkeit hier inzwischen seine Heimat gefunden hat. Die großen Bosse glauben, richtig zu handeln, und machen im Grunde alles falsch, was sie für die Gesamtsituation nur falsch machen können. Wenn die Verantwortlichen sich nur ein ganz klein wenig mit den Zusammenhängen und den damit verbundenen Energien beschäftigen würden, sähe es vielleicht ein bisschen besser aus auf unserem gemeinsamen Planeten.

Einige Trainer in der Wirtschaft bieten inzwischen für Firmen ein ganz spezielles Coaching an: Es deckt die Zusammenhänge zwischen der Unzufriedenheit und den damit verbundenen Emotionen und Glaubenssätzen der Mitarbeiter und der finanziellen Situation des Betriebs auf. Die Trainer erforschen nicht in erster Linie die Zahlen, Statistiken und harten Fakten, sondern arbeiten mit den Angestellten und der Führung der Firma an den herrschenden Konflikten. Es gibt Befragungen und vor allem wird hinterfragt und reflektiert. Manch ein Firmenchef musste sich danach eingestehen, dass es so nicht funktionieren konnte. Wie auch? Wenn kaum jemand sich mehr wohlfühlt in einer Firma, bringt er automatisch auch negative Einflüsse in deren Abläufe.

Auch der Einfluss der Gedanken der eigenen Kunden, das sogenannte Image, das eine Firma hat, wirkt sich ungünstig aus (Reizwort "Telekom"!) - alles steht im direkten Zusammenhang mit dem “Wohlbefinden” des Betriebs! Solche Unternehmen, deren Kunden unzufrieden sind, kämpfen meist jahrelang und kommen der eigentlichen Ursache keinen Schritt näher, da ja die meisten Fakten eher für eine gute Firmenstruktur sprechen. Doch komischerweise stimmen die Zahlen am Ende des Quartals meist nicht mit den hohen Erwartungen überein. Was stört nun aber die Kunden oder die Mitarbeiter? Oft geht es nicht einmal um höhere Gehälter oder bessere Aufstiegschancen. Nein, es geht um die ganz simplen Dinge, wie mehr Wertschätzung, Menschlichkeit, Vertrauen und ein Zusammengehörigkeitsgefühl. Simple Dinge? Einige sehr erfolgreiche Unternehmer in Deutschland und in der Welt verfolgen genau dieses Konzept und werden wohl auch diejenigen sein, die große Krisen mit am besten meistern, da sie die Zusammenhänge erkannt haben. Ich empfehle jedem, der ein Beispiel hierfür braucht, das wunderbare Buch von Karl und Jwala Gamper *Es ist alles gesagt. Jetzt braucht es Beispiele*, der Zusatztitel lautet: *Wie schön Wirtschaft sein kann. Unternehmer/innen setzen Zeichen*. Unbedingt lesen und daraus erkennen, dass es auch andere, neue Wege gibt, Unternehmen zu führen! Ein weiteres Beispiel für das Erkennen von Zusammenhängen finden Sie in dem erstaunlichen und immer noch hochaktuellen Buch von Thom Hartmann: *Unser ausgebrannter Planet*.

Wir müssen endlich erkennen, dass unsere Probleme nicht nur durch unsere Technologien, nicht durch irgendwelche Nahrung oder nur durch die Medien hervorgezaubert wurden. Nein, sie sind vorwiegend durch unsere gewachsene Weltsicht, durch unsere Kultur entstanden. Wir haben diese Probleme sozusagen manifestiert, durch unsere inneren Einstellungen. Es besteht also ein direkter Zusammenhang zwischen unserer Kultur, unseren Weltanschauungen und den Problemen dieser Welt. Wäre es dann nicht die Lösung, unsere Weltanschauung ganz schnell zu verändern? Unsere bisherigen Erfahrungen nicht zu wiederholen, sondern neue zuzulassen? Eine neue Art von menschlicher Kultur zu erschaffen?

Fragen Sie sich doch einmal, welchen Einfluss das Land und dessen Kultur, in die Sie geboren wurden, auf Ihr Leben haben. Was, glauben Sie, hat Deutschland für einen Einfluss auf Ihr Dasein? Setzen Sie sich einmal hin, und erstellen Sie eine Liste von Eigenschaften, die Deutschland oder das Land, in dem Sie geboren sind, ganz speziell für Sie aufweist. Sie werden erstaunt sein, welche dieser Eigenschaften Sie an sich selbst oder in Ihrer Familie wiederfinden werden. So prägt die Kultur des jeweiligen Geburtsortes eine Person. Jemand, der am Meer aufgewachsen ist, unterscheidet sich auch in seiner Weltsicht von jemandem, der in den Bergen groß wurde. Probieren Sie das einmal aus. Sie werden die Zusammenhänge schnell erkennen, und es macht Spaß, sich ein wenig dabei zu ertappen, wie sehr doch die Umgebung abfärbt auf die eigene Persönlichkeit. Wer die Verknüpfung, die Wechselbeziehung aller Dinge erkennen kann, sieht weit über den eigenen Tellerrand hinaus und ... ist somit auch besser in der Lage, eine Lösung der bestehenden Probleme herbeizuführen. Nur wer das Wesen erfasst, sieht das große Ganze!

Ein weiteres Beispiel ist der Zusammenhang zwischen dem Fleischkonsum und den Waldrodungen im Amazonasgebiet. Um in Europa und Asien genug billiges Fleisch zu haben, ist ein Großteil des Amazonas abgeholzt worden. Pauschal gilt: Je höher entwickelt das Land ist, desto größer ist der Fleischkonsum - also fressen wir in Europa und Asien die Welt auf. Und das ist keine Übertreibung. Außerdem benötigt man für die Herstellung von einem Kilo Rindfleisch circa 30.000 Liter Wasser. Das wäre dann die nächste Ressource, die wir mal ganz nebenbei vernichten. Man muss ja nicht gleich zum Vegetarier werden, nicht mal der Dalai-Lama ist einer (wie auch, er ist in einer Region aufgewachsen, in der der Anbau von Gemüse nicht gut möglich ist). Aber wäre es nicht an der Zeit, wieder zurückzukehren zum Sonntagsbraten? Ein-, zweimal die Woche Fleisch und Wurst würden auch unserer Gesundheit zugutekommen. Und erzählen Sie mir jetzt nicht:

"Die Kinder und mein Mann essen so etwas nicht!" Denken Sie immer daran, es geht um unsere gemeinsame Welt. Auch wenn Sie sagen, dass Sie das Fleisch bei einem Biobauern in Ihrer Umgebung kaufen - das ist kein wirkliches Argument. Schon morgen könnte es sein, dass Sie das nicht mehr können, und dann greifen Sie auf Massenware zurück! Es geht um den enormen Fleischkonsum als solchen.

Ich selbst bin nie ein richtiger Vegetarier geworden, da ich mir das Leben nicht unnötig verkomplizieren wollte. Es ist nicht immer leicht, wenn man häufig eingeladen wird bei Freunden, sich ganz fleischlos zu ernähren. Zuhause habe ich aber fast nie Wurst oder Fleisch im Kühlschrank, und ich brauche es auch nicht. Wozu auch? Wenn wir das Getreide dieser Welt nehmen und an die Menschen verteilen würden statt an die Futtermittelindustrie, dann würde niemand jemals hungern. Gibt Ihnen das nicht zu denken? - Auf meiner Homepage kann man sich den wunderbaren Film von Yann Arthus Bertrand *HOME* kostenlos herunterladen, so wie es der Regisseur und Produzent auch einmal angedacht hatte. In diesem Film werden äußerst klar und in sagenhaften Bildern der Zustand unserer Erde und die Verknüpfungen zwischen Profit und Habgier auf der einen Seite und Zerstörung und Armut auf der anderen Seite verdeutlicht. Bitte geben Sie diese Information an so viele Menschen weiter, wie es Ihnen möglich ist. Auch das ist ein Beitrag.

Wechseln wir jetzt einmal die Perspektive, werden wir "kleiner" in unserer Betrachtung der Zusammenhänge und tauchen wir ein in den Mikrokosmos einer Familie. Hier befinden wir uns direkt am Startpunkt aller Verkettungen. Jeder Mensch begreift, dass der Vater und die Mutter einen riesigen Einfluss auf uns haben. Ob sie nun da sind, leben, schon lange verstorben sind oder ob sie liebevoll oder gar brutal waren, alles führt dorthin, dass man bestimmte Erfahrungen macht, die zu unserer ureigenen Sicht der Dinge führen. In vielen Familienaufstellungen durfte ich immer wieder sehen, wie der Einfluss, zum Beispiel der des vor langer Zeit verstorbenen Großvaters, noch heute als Energie im gesamten familiären System wirkt. Jede Familie trägt bestimmte Schwingungen, meist über Generationen, mit sich, und selten werden die Verknüpfungen erkannt - weshalb einiges so unsagbar schwer zu gehen scheint.

Gerade hier ist es *für mich* am wichtigsten, mit den Veränderungen zu beginnen. Ich füge dem Ganzen den spirituellen Aspekt hinzu, der besagt: Du suchst dir deine Familie selbst aus. Die in der Familie wirkenden Energien bergen die Hauptaufgabe in sich, nach der so viele Menschen lange, lange suchen, da sie meist im Außen danach fahnden. Lernen wir aber immer mehr, die jeweiligen Zusammenhänge zu sehen, zu erkennen und dadurch auch zu begreifen, fällt es uns mit einem Mal wie Schuppen von den Augen. Es wird überdeutlich, warum es so nicht hat funktionieren können, und wir sind plötzlich in der Lage, eine Wende zum Positiven herbeizuführen. Daher sollten wir genau dort beginnen: in unserer Familie, in unserem nächsten Umfeld. Wieder einmal beginnen wir bei uns!

Probieren Sie es mit jeder Situation in Ihrem Leben aus, die eventuell Schwierigkeiten macht. Fragen Sie sich immer nach den Zusammenhängen! Spielen Sie alle Möglichkeiten durch, und betrachten Sie sich die starken Emotionen, die sich in den Vordergrund drängen. Was ist es, was hier wirkt?

Der allerwichtigste Zusammenhang ist aber noch nicht einmal angesprochen worden: Unsere Emotionen und unsere Gedanken sind messbare Energie. Als am 11. September 2001 die zwei Flugzeuge in das World Trade Center flogen, da stieg der erdmagnetische Energielevel beispielsweise um das 50-fache! Jeder Gedanke, jede Emotion, die wir aussenden, geht auf Resonanz! Senden wir Schwingungen aus unserem Verstand, dann bewirken wir damit etwas. Aber wenn wir mit unserem Herzen etwas aussenden, also schöne, positive und hoffnungsvolle Gedanken und Emotionen, dann ist das tausendmal stärker! Genau gesagt senden die "herzlichen"

Schwingungen 5000-mal stärker als die unseres Gehirns. Das ist wohl der großartigste Zusammenhang, den wir nun endlich begreifen sollten! Alles, was wir fühlen, denken und tun, steht im direkten Zusammenhang mit der Natur, den Situationen in unserem unmittelbaren Umfeld und mit den Ereignissen, die auf der Welt stattfinden. Wir sind wirklich für alles selbst verantwortlich, was wir ernten! Erkennen Sie ab sofort die Zusammenhänge! Damit helfen Sie der Welt ... und jedem Lebewesen, das sich darauf befindet.

Der 3. Grundsatz lautet:

Erkennen Sie die Zusammenhänge!

Betrachten Sie vom heutigen Tag an alles als zusammenhängend, als miteinander verbunden. Sehen Sie genau hin, wenn es irgendwo in Ihrem Umfeld, in Ihrem Dorf oder Ihrer Stadt oder irgendwo sonst auf der Welt einen Platz gibt, an dem eine bestimmte Energie, eine Schwingung "zu Hause" ist. Machen Sie sich unbedingt bewusst, dass, solange diese Schwingung vorhanden ist, sie auch die Fähigkeit in sich trägt, sich zu vermehren. Erkennen Sie das, und ändern Sie es ... bei sich selbst. Jeder Krieg, jeder Hass, jede Aggression beginnt im Inneren der Menschen. Und nirgends sonst! Versuchen Sie, Punkte auf der Landkarte zu schaffen, wo es das alles nicht mehr gibt. Beginnen Sie in Ihrem eigenen Mikrokosmos, seien Sie derjenige, der den ersten Flügelschlag macht! Glauben Sie mir, es wird Auswirkungen auf die Welt haben!

4. Grundsatz:

Gewähren Sie Ihren Mitmenschen Unterstützung

Leser dieses Buches werden nicht gerade zu der Kategorie Menschen gehören, die einfach wegsehen, wenn es jemandem in ihrer Umgebung schlecht geht. In Zeiten von Finanzkrisen und enormer Arbeitslosigkeit, in Zeiten von Klimawandel und weltweiten Naturkatastrophen sind wir immer wieder aufgerufen zu helfen, zu spenden oder Dienst am Nächsten zu leisten. Viele, viele folgen solchen Aufrufen und geben, was sie können, und oft kommt es zu unfassbaren Rekordergebnissen. Die Spendenbereitschaft scheint riesig. Aber oft ist Geld keine Lösung, wie man an der ungeheuren Verschwendung und Fehlleitung von Spendengeldern gerade in die Dritte Welt ersehen kann. Da verschlingt ein gigantischer Verwaltungsapparat schon mal mehr als zwei Drittel der gespendeten Summe, oder Spenden kommen überhaupt nicht dort an, wofür sie angedacht waren. Es ist ja auch weit weg von uns und daher nur sehr schwer nachzuvollziehen. Bitte verstehen Sie das jetzt nicht falsch, dies soll kein Aufruf sein, nicht mehr nach Afrika oder an die Bedürftigen dieser Welt zu spenden. Diese Hilfe wird sehr dringend gebraucht und sollte daher auch gegeben werden.

Aber haben Sie sich schon einmal in Ihrer unmittelbaren Umgebung umgeschaut? Gibt es dort Menschen, Familien, die dadurch auffallen, dass Sie an dem sogenannten gesellschaftlichen Leben nicht oder kaum teilnehmen? Die niemals dabei sind, wenn es ein Straßenfest gibt oder eine Sportveranstaltung? Was, glauben Sie, ist los mit diesen Menschen, mit diesen Kindern? Glauben Sie, sie haben keinerlei andere Interessen als vielleicht Fernsehschauen und Computerspiele? Und verbieten Sie Ihren Kindern gar den Umgang mit solchen Jugendlichen, weil sie bestimmt einen sehr schlechten Einfluss auf Ihre Kinder ausüben könnten? Aber wäre es nicht möglich, dass diese Menschen sich nur deshalb so stark zurückziehen, weil sie über zu wenig finanzielle Mittel verfügen, um am gesellschaftlichen Leben teilzunehmen? Weil sie eventuell niemanden haben, der sie mitnimmt, weil sie kein Auto haben? Oder weil sie sowieso schon derart vereinsamt sind, dass sie kaum noch vor die Tür gehen? Sich fast nicht mehr trauen, dies zu tun, aus Angst vor Ausgrenzung?

Ja, ihr lieben Mitmenschen, so etwas gibt es auch in unseren Breitengraden. Und nicht zu knapp. Durch das armselige Sozialpaket, genannt Harz IV, geraten immer mehr Menschen in Not. Ich kenne einige, die jetzt laut aufheulen und sagen: "Selbst schuld, sollen sie doch arbeiten gehen ..." Oder der Esoteriker der etwas anderen Sorte kommt gar zu dem Schluss: "Alles selbst erschaffen!" Mag ja vielleicht stimmen, aber warum helfen Sie diesen Menschen nicht, die sich gerade so verfangen haben in ihren negativen Gedanken, oder warum versuchen Sie nicht, genau diesen Arbeitslosen zu unterstützen, indem Sie ihm helfen, einen Job zu finden? Weil Sie das nichts angeht? Glauben Sie das wirklich? Geht es uns nichts an, wenn eine Vielzahl der Kinder in Armut lebt (nach Auskunft des Kinderschutzbundes ist jetzt schon bei uns in Deutschland jedes fünfte Kind davon betroffen!) und so viele Menschen trotz enormer Anstrengungen keinen menschenwürdigen Job finden? Warum glauben Sie, dass es Sie nichts angeht? Weil Sie ja manchmal etwas tun, um Notleidenden zu helfen? Glauben Sie, das reicht? Und wenn alles einen Zusammenhang hat, was passiert dann mit unserer Zukunft? Was wird aus den vielen armen Kindern, die meist nicht einmal einen richtigen Schulabschluss haben? Und was passiert in einem Land, in dem es nur noch ein Drittel an sicheren und gut bezahlten Arbeitsplätzen gibt? Wie sieht die Zukunft in solch einem Land aus? Es gibt einen Zusammenhang zwischen dem Bildungsstand der nächsten Generation und dem wirtschaftlichen Erfolg eines Staates. Wirtschaftswissenschaftler unken schon jetzt, dass wir, wenn Europa (!) so weitermacht mit der momentanen Sozial-, Bildungs- und Umweltpolitik, froh sein können, wenn wir in den nächsten Generationen die T-Shirts für die Chinesen nähen dürfen. Stoppen können wir das Ganze nur durch unser eigenes Engagement. Übernehmen wir auch hier die Verantwortung für unser eigenes Handeln selbst! Ab sofort - jetzt!

Auch hier zur Erklärung: Es geht mir nicht um Deutschland, Europa und auch nicht um China und die USA oder irgendein anderes Land. Es geht um jeden einzelnen Bewohner dieses Planeten, der sich dazu in der Lage sieht, etwas zu verändern an dem System - ein System, das auf Habgier, Wegschauen und Macht aufgebaut ist. Verändern wir es, Sie und Sie und ... Sie. Ganz persönlich und im Bereich Ihrer eigenen Möglichkeiten. Fangen Sie an, diejenigen zu unterstützen, die Ihre Hilfe benötigen. Vielleicht können Sie ja einer Hartz-IV-Familie unter die Arme greifen? Oder einen einsamen Menschen im Altersheim besuchen? Vielleicht gehören Sie zu den Menschen, die über einiges Geld verfügen, dann könnten Sie sich doch eines jungen Menschen annehmen, der eine Ausbildung nicht bezahlen kann oder eine höhere Schule? Oder Sie werden ein Mentor für einen Maler, Schriftsteller oder Musiker und helfen somit jemandem, auf seinen Weg zu kommen. Sicher gibt es auch in Ihrer Umgebung Menschen, die es gerade nicht alleine schaffen, aus welchen Gründen auch immer. Schauen Sie nicht mehr weg, sondern machen Sie sich bewusst, dass wir alle eins sind - und wenn es auch nur einem in unserer Gemeinschaft schlecht geht, wird sich das auf alle auswirken ... Sie sollen nicht gleich die Welt verbessern, verbessern Sie den Zustand, die Energie in Ihrem unmittelbaren Umfeld. Lassen Sie sich nicht von Ihren inneren Zweifeln abhalten, die Sie mit Argumenten bombardieren wie: Ich könnte ja jemanden mit meiner Hilfe beschämen ... Oder: Der wird sich ja sowieso nicht helfen lassen! Oder: Nicht, dass ich den dann am Hals habe!

Wenn es Ihnen gut geht, teilen Sie! “Im Geben kommt die gesamte Fülle des Universums zu dir zurück.” Geben Sie auch, wenn Sie wenig haben, es gibt immer jemanden, der noch weniger hat als Sie! Suchen Sie sich einen Menschen, eine Familie persönlich aus - und helfen Sie. Egal wie, es muss wirklich nicht immer materiell sein. Denken Sie immer daran: Wer viel hat, kann viel geben! Solange auch nur ein Glied in unserer Weltengemeinschaft nicht glücklich leben kann, so lange werden wir nicht wahrhaft glücklich sein - weil wir alle eins sind.

Wenn Sie jemand sind, der wie ich Seminare anbietet, lassen Sie immer ein, zwei Plätze frei für Menschen, die nicht bezahlen können. Oder fordern Sie Ihre Teilnehmer auf, für eine Person mitzubezahlen, die genau dieses Seminar gut gebrauchen könnte. Oder wenn jemand seinen Rasen nicht mehr selbst mähen kann, helfen Sie ihm, wenn Sie fit sind und Zeit haben. Setzen Sie sich mit Ihrer Familie zusammen, und beraten Sie, wo Sie Kapazitäten übrig haben und wer diese benötigen könnte. Nicht anonym, sondern im direkten Kontakt mit Ihren *Mitmenschen*. Gründen Sie Unterstützungskreise, in denen sich mehrere Nachbarn oder Freunde zusammenfinden und herausfinden, wer in ihrem Umfeld Hilfe benötigt. Helfen Sie mitzubauen an einer neuen Gesellschaft, in der es um ein Miteinander und um Unterstützung geht. Tun Sie das, was andere als Wunder bezeichnen. Seien Sie selbst das Wunder! Überraschen Sie, bereiten Sie Freude und verteilen Sie Glück! So kann man dazu beitragen, dass diese wunderbare Energie der Unterstützung sich wie ein Lauffeuer verbreitet. Wenn man umgeben ist von lächelnden und glücklichen Menschen, wie soll man dann noch Zeit für negative Gedanken haben?

Ich selbst gehöre zu den Menschen, die viel und gerne geben, und in Zeiten, in denen ich das konnte, habe ich das auch ausgiebigst getan. Als ich mich dann aber plötzlich in einer Realität wiederfand, in der ich oft nicht wusste, wie der nächste Tag zu bewältigen war, wurde ich von einer geradezu luxuriösen Fülle überschwemmt. Menschen, von denen ich schon Jahre nichts mehr gehört hatte, liehen mir Geld, eine Freundin brachte mir - nicht nur einmal - einen Einkaufskorb mit biologischen Lebensmitteln, eine andere gestaltete mir meine Internetseite völlig umsonst und bezahlte die dazugehörige Gebühr für ein Jahr. Ich durfte auf wunderbaren Pferden reiten, ohne dafür zahlen zu müssen, und man lud mich ganz oft zum Essen ein oder ins Kino. Eine andere Freundin sorgte dafür, dass ich Werbung für mein erstes Buch machen und mir mein Leben eine Zeit lang finanzieren konnte. Ich bekam Blumen für meinen Garten, wurde mit exklusiven 5-Gänge-Menüs bekocht, konnte das Auto einer Bekannten so lange fahren, bis ich selbst wieder in der Lage war, eines zu finanzieren, und wurde auch noch zu Kurzurlauben eingeladen. Ist das nicht schier unglaublich, was einem so passieren kann, wenn man fähig ist, auch anzunehmen? Ohne diese starke, wunderbare Unterstützung aller meiner geliebten Freunde wäre ich niemals wieder herausgekommen aus meinem Sumpf. Und da ich beide Seiten kennengelernt habe, werde ich auch nie müde, andere so gut ich kann zu unterstützen. Wir müssen wieder lernen, dass es sich lohnt, menschlich zu sein. Deshalb: Seien Sie nicht geizig oder sparsam beim Verteilen von Wundern und Glück, sonst geht dieser Geiz auf Resonanz mit Ihnen. Und wer will schon Sparsamkeit beim Glück? Der Lohn ist die Dankbarkeit, das Lächeln all derer, denen Sie Hilfe und Unterstützung gewährt haben - dadurch wird genau die Energie angehoben, die diese Erde momentan so dringend braucht.

Dafür sind wir hier, um zurückzufinden zum Miteinander, zur großen Einheit!

Beispiel Kalifornien: Wie ich schon im Kapitel über die Zusammenhänge erwähnt hatte, gibt es dort inzwischen eine große Zeltstadt, die von den Menschen bewohnt wird, die ihre Häuser durch die Immobilienkrise verloren haben. Die Häuser wurden ihnen weggenommen und standen anschließend leer oder wurden zu lächerlichen Preisen an irgendwelche Krisengewinnler verschachert. Wie kann es sein, dass ein so reiches Land wie Amerika so viel Armut hervorbringt? Wie kann es sein, dass die Menschen in diesem reichen Land nicht das Recht auf menschenwürdigen Wohnraum haben? Wie kann es sein, dass auf der einen Seite Menschen Partys feiern, die pro Abend Millionen verschlingen, während ihre Nachbarn hungern und frieren? Wie kann das auf unserer Welt möglich sein? Wo ist das Bewusstsein hingekommen, dass es so nicht geht? Wo ist das Bewusstsein dafür, dass alles miteinander in Zusammenhang steht? Und wo ist das Bewusstsein hin, dass wir alle eins sind? Was ich für meinen Nächsten tue - oder hier heißt es wohl besser: nicht tue -, das tue ich mir an. Wann werden wir Menschen das endlich begreifen?

Ich habe nichts gegen Geld und Reichtum, bei Gott nicht. Das Universum ist die Fülle. Aber glauben Sie, es ist Zufall, dass gerade die Finanzsysteme dieser Welt zusammenkrachen? Etwas, das ein wirkliches Fundament hat, kann nicht zusammenfallen! Der eigentliche Reichtum liegt doch ganz woanders. Was kann man mitnehmen, wenn man diesen Körper verlässt? Das Haus, das tolle Auto, den auf jugendlich operierten Körper? Nein, das, was den wahren Reichtum ausmacht, sind unsere Erfahrungen. Und ich für mich weiß, dass es diese Erfahrungen sind, die weiterwirken in unserer Seele. Wir sind wahrlich nicht auf die Welt gekommen, um unsere Erde zu zerstören und auszubeuten, wir sind auf diese Welt gekommen, um zurückzufinden zu dem, was wir eigentlich sind: die Einheit mit allem. Wirklich reich sind die,

die viele Erfahrungen gesammelt haben, die Weisheit aus diesen Erfahrungen ziehen konnten und die niemals aufgehört haben, als Ziel die Liebe anzustreben. Man braucht kein Geld, um glücklich zu sein, sondern Glück (was das Wort ja beinhaltet)!

Der Staat Bhutan gibt ein ganz besonderes Beispiel hierfür. Die Bewohner haben in ihrer Verfassung statt dem Bruttoinlandsprodukt das Bruttonationalglück definiert. Sie haben richtig gelesen: Bruttonationalglück. Wie wir alle wissen, ist Bhutan nicht gerade eines der reichsten Länder auf dieser Welt, aber trotz der relativen Armut wirken die Menschen dort zufriedener als wir. In ihrer Verfassung ist der Begriff "Bruttonationalglück" definiert als eine Entwicklungsstrategie, die es sich zum Ziel gesetzt hat, ein Gleichgewicht zwischen Umweltschutz, sozioökonomischem Fortschritt und alter Kultur herzustellen. Und die Erfahrungen, die sie bisher damit gemacht haben, geben ihnen Recht. Sie sehen, es geht auch ohne Ausrichtung auf den stetig steigenden Gewinn! Es geht tatsächlich um Glück!

Wenn wir wollen, dass es uns gut geht, dann muss es allen gut gehen. Allen! Das setzt eine fundamentale Bewusstseinsänderung voraus - und die fängt bekanntlich wo an? Richtig: bei Ihnen! Laden Sie die Unterstützung in Ihr Leben ein, und Sie werden erfahren, was es heißt, ein Stück weit Glück zu verschenken und damit auch selbst glücklicher zu werden. Unsere Zukunft kann wirklich nicht die Fortsetzung unserer Vergangenheit sein. Und wir haben jetzt lange genug geschlafen. Aufwachen!

Denken Sie nicht von Anfang an in großen Dimensionen, sondern fangen Sie ganz klein an, aber bleiben Sie stetig am Ball. Auch Unterstützung kann man üben. Also, worauf warten Sie noch?

◉ ◉ ◉ Der 4. Grundsatz lautet: ◉ ◉ ◉

Gewähren Sie Ihren Mitmenschen jede Unterstützung, die Ihnen möglich ist!

Schauen Sie sich ganz bewusst in Ihrer näheren Umgebung nach Menschen um, die Unterstützung benötigen. Gibt es in Ihrer Nachbarschaft, in Ihrem Freundeskreis, in Ihrem Verein jemanden, der Ihrer Hilfe bedarf? Überwinden Sie Ihre Abscheu oder Ihr Misstrauen, und helfen Sie einfach. Lassen Sie die Menschlichkeit, das Miteinander wieder in Ihr Leben. Verteilen Sie Freude und Glück unter denen, die momentan nicht so viel davon haben. Ganz persönlich! Sie werden erleben, Sie bekommen tausendmal mehr zurück, als Sie gegeben haben. Und Sie werden es spüren: Es hebt die Energie in Ihrer unmittelbaren Umgebung. So werden Sie für mehr Glück auf dieser Welt sorgen. Danke!

◉ ◉ ◉ ◉ ◉

5. Grundsatz:

Kehren Sie zurück zur und in die Natur

Ich hatte einmal ein eigenartiges Erlebnis auf einem kleinen Gartenfest, das ich vor einigen Jahren veranstaltete. Eine Bekannte aus der Stadt kam mit ihren drei kleinen Kindern. Ich nenne sie einmal Marion. Da es heiß war, hatten alle Menschen luftige Sommerkleidung und leichtes Schuhwerk an. Auch Marion trug Sandalen und war natürlich barfuß darin. Immer wenn sie zum Grill ging, lief sie auf Zehenspitzen über den gemähten Rasen. Es sah witzig aus, und ich fragte sie nach dem Grund. Die Antwort verblüffte mich: Sie hatte Angst, mit dem Gras in Berührung zu kommen, da das ja schmutzig sei und eventuell auch allerlei Getier darin verborgen sein könnte. Ich kann mich noch genau an das Gefühl erinnern, das diese Antwort in mir auslöste: Ich war total perplex. Ich konnte kaum verstehen, dass es tatsächlich Menschen gab, die Angst vor Gras hatten. Jetzt gehörte Marion nicht zu den ganz übertriebenen oder gar als hysterisch zu bezeichnenden Personen, nein, sie war einfach nur sehr weit entfernt von dem, was Natur ist. Sie war weit weg von jeder Natürlichkeit. Sie lebte in der Stadt.

Und ich sollte noch so manch einen Städter kennenlernen, der ähnlich handelte und dachte. Wie sollte es auch anders sein: Wenn ich niemals mit der Natur in Berührung komme, dann schläft auch das Gefühl dazu ein. Das Bedürfnis danach. Es gibt inzwischen viele Menschen, die es gewohnt sind, nur noch Asphalt unter ihren Füßen zu spüren, und für die es bedrohlich erscheint, einen nicht ausgebauten Weg im Wald zu begehen. Sie wollen auch nicht mehr in einem natürlichen See schwimmen, weil man da nicht bis zum Boden sehen kann. Es scheint wirklich Stadtmenschen zu geben, die ganz wenig hinausgehen in die wirkliche Natur und sich dort auch wohlfühlen. Somit wird diese dann zur Nebensache, rein gedanklich. Wer achtet schon etwas, das ihm als nicht so wichtig, schmutzig oder gar etwas unheimlich erscheint? Kein Wunder, dass man dann so viel Müll in Sträuchern oder auf Parkwegen findet, weil keinerlei Bewusstsein mehr dafür vorhanden ist, dass es schlecht für uns alle ist, wenn wir die Umwelt, die Natur verschmutzen.

Auf einer meiner Visionssuchen begegneten mir die nächsten Beispiele von Naturferne. Ich muss dazu erklären: Visionssuche heißt, vier Tage und Nächte im Freien, meist auf einem Berg, ohne Nahrung und Zelt zu verbringen. Es gibt viele Arten, wie eine Visionssuche durchgeführt werden kann, ich nehme einmal diese als Beispiel. Es regnete die ganze Zeit, was ein nicht so berauschendes Erlebnis versprach. Zumindest nicht im ersten Moment. Wirklich erstaunt war ich aber über die Ausrüstung, die manche Teilnehmer auf den Berg mitnehmen wollten. Sieben der zwölf Leute hatten nicht einmal Schuhwerk, das für eine Wanderung im Flachland geeignet gewesen wäre, geschweige denn für einen leichten Anstieg auf einen Berg. Eine Frau wollte doch tatsächlich mit etwa fünf Zentimeter hohen Absätzen und glatten Ledersohlen losmarschieren. Der damalige Leiter war schockiert und trommelte alle zusammen, um Bekleidung und Gepäck nochmals zu überprüfen und auszutauschen. Es hat dann doch noch geklappt mit unserer Visionssuche, aber ich fragte mich auch hier wieder, wie weit entfernt von der Natur man sein musste, um zu denken, mit solch einer Ausrüstung vorankommen zu können? Es mag wohl an fehlenden Informationen durch die Leitung gelegen haben, aber wenn ich mich auf ein Abenteuer von solch einer Tiefe einlasse, weiß ich dann wirklich nicht, was mich ungefähr erwartet? Oder weiß ich schlicht und einfach grundsätzlich nicht, was ich benötige, wenn ich mich in der Natur aufhalte?

Dass es Menschen gibt, die ganz wenig mit der wirklichen Natur in Berührung kommen, wurde mir bei solchen oder ähnlichen Erlebnissen bewusst. Es mag ja wohl auch noch relativ einfach sein, wenn man zum Beispiel in München wohnt und innerhalb einer halben Stunde in der schönsten Landschaft sein kann. Aber wie sieht es bei den vielen Menschen aus, die in Ballungszentren, wie zum Beispiel dem Ruhrpott, leben? Dort geht eine Stadt in die nächste über, und es dauert schon wesentlich länger, einfach mal "rauszukommen". Und nimmt man solche langen Strecken dann überhaupt in Kauf? Oder bleibt die Familie lieber zu Hause? Wie und wo spielen deren Kinder? Auf den vielen Spielplätzen? Haben Sie einmal an einem Sonntagnachmittag auf einem solchen Spielplatz in der Stadt vorbeigeschaut? Völlige Leere, keiner da. Die Kinder, müsste man vermuten, haben anderes zu tun. Aber was, glauben Sie, tun die? Na? Richtig, sie sitzen meist vor einem viereckigen Kasten und tun, was man eben so tut mit den Dingern. Es mag wohl stimmen, dass man sogar durch das Fernsehen viel über die Natur und über die Umwelt lernen kann. Aber was ist wohl wertvoller? Die Erfahrung, die ein anderer für Sie macht, in dem Fall der Regisseur oder Dokumentarfilmer, oder die Erfahrung, die man selbst gemacht hat?

Tanja, eine Teilnehmerin in meinen Seminaren, hat eine wunderbare Aufgabe übernommen. Zusammen mit ihrem Mann sorgt sie dafür, dass die Pfadfindergruppen in Deutschland befreit werden von dem Mief der Altbackenheit. Sie machen Filme und Hörbücher, die voller Abenteuer und Spannung sind und die aufzeigen, wie toll es wirklich ist, heutzutage ein Pfadfinder zu sein. Zu wissen, wie es sich anfühlt, eine Gemeinschaft zu bilden und die Natur zu erfahren. Schauen Sie einmal mit Ihren Kindern auf die Homepage, Sie werden überrascht sein, was so ein Pfadfinder alles unternimmt (www.pollutionpolice.com). Es wäre ein Anfang, um wegzukommen von den viereckigen Zeiträubern, vor denen so viele Kinder ihre Zeit verbringen. Zudem: Wie kann man von den Kindern, von den erwachsenen Menschen erwarten, achtsam mit der Natur umzugehen, wenn sie gar nicht wissen, was Natur ist?

Die kleine Tochter einer Zahnärztin erzählte mir einmal voller Stolz, dass sie einen Obstbaum umgepflanzt habe. Ich war erstaunt, denn es war Ende Januar und der Boden sollte noch gefroren sein trotz des damaligen milden Winters. Ihre Mutter, die Zahnärztin, also eine Frau, die studiert hatte und die über ein breites Wissen verfügte, hatte ihr gesagt, dass man das auf diese Weise mache. Es muss nicht jeder alles wissen, aber was nützt Wissen, wenn wir ganz nebenbei unseren Planeten zerstören? Wäre es nicht unbedingt erforderlich, mehr zu lernen, wie unsere Erde tickt, bevor wir sie noch weiter zur Zeitbombe machen? Warum lernt nicht schon jedes Kind in der Schule den Umgang mit der Natur? Warum gibt es noch immer nicht das Pflichtschulfach "Unsere Erde und wie man sie bewahrt"? Da wird ein großer Haufen an Mathematik, Sprachen und Geschichte vermittelt, aber was nützt das alles, wenn es darum geht, auf einem zerstörten Planeten zu leben? Ist es nicht von immenser Wichtigkeit, die Dinge zu lernen, die Zusammenhänge zu sehen, die unsere Zukunft sichern? Wir müssen zurückkehren zur Natur. Wir müssen wieder lernen, mit ihr umzugehen und sie achtsam zu bewahren. Dazu benötigen wir die selbst gemachte Erfahrung! Wir sollten wieder erkennen lernen, wann und wo wir der Erde schaden und wo sie sich erholen kann von den vielen, vernichtenden Eingriffen, die wir Menschen an ihr vorgenommen haben. Nur wer etwas kennt, kann es bewahren.

Ich habe das ganz große Glück, einen der großen Spezialisten für Natur und Umwelt persönlich zu kennen. Er heißt Sepp Holzer, ist einer der führenden Permakultur-Vertreter auf der Welt und trägt den Beinamen "Agrarrebell". Für mich ist Sepp Holzer einer der wirklich wenigen, die die Natur studiert haben. Ich meine ein Studieren durch intensivstes Beobachten und Verstehen und vor allem durch eine unsagbare Zuneigung und Hingabe, die er der Natur entgegenbringt. Dass er auch "Agrarrebell" genannt wird, hat er ganz vielen mutigen Konfrontationen mit Verantwortlichen, Politikern und Menschen, denen es egal ist, was morgen wird, zu verdanken. Er hat sich nie gescheut, die Missstände in der Landwirtschaft und im Umweltbereich laut anzuprangern, und dafür auch sehr viel einstecken müssen. Ich bin ihm unendlich dankbar, dass er diese schwere Vorarbeit geleistet hat und so viele Menschen weltweit eingeführt hat in die (offenen) Geheimnisse der Permakultur. Dadurch, dass er so gekämpft hat, haben es seine Kinder jetzt viel leichter, dieses Wissen weiterzugeben - ohne die immerwährenden Angriffe.

Unermüdlich arbeitet dieser wunderbare Mann mit der Unterstützung seiner tollen Familie für das Wohl der Erde. Er erklärt geduldig (und manchmal auch etwas ungeduldiger), wie wir es schaffen können, ein Paradies entstehen zu lassen, in dem alles im Einklang ist. Die Natur, die Menschen und die Tiere. Er meint, jeder sollte lernen, wie und wo man ein Saatkorn in die Erde legt und es so behandelt, dass es für uns zu einer heilsamen Nahrungsquelle wird. Er bindet in seinem ganzen Tun und Sein immer die Weisheit der Natur und die absolute Achtung vor der Schöpfung mit ein. Inzwischen hat Sepp Holzer sein Wissen weltweit weitergegeben in Projekten in Spanien, Russland, Schottland, Chile, Äthiopien, Jordanien und neuerdings auch in den USA. Sein Hof, der Krameterhof, liegt im Lungau im schönen Österreich und ist wahrlich ein Paradies auf Erden. Hier wächst auf 1500 Metern Höhe alles, was man sich nur vorstellen kann, im Einklang miteinander. Sogar Kiwis und Wein kann man finden - und zwar "nur" deshalb, weil Sepp Holzer hingehört und verstanden hat, was die Natur ihm zugeflüstert hat.

Ich rate dringend dazu, solche Menschen zu besuchen, ihre Bücher zu lesen, ihre Seminare oder ihre Höfe zu besichtigen und das fehlende Wissen aufzuholen. Es ist dringend nötig, wieder zurückzukehren zur Natur, zu lernen was nötig ist, um unsere eigentliche Grundlage, unsere Mutter Erde, zu bewahren, zu heilen und achtsam mit ihr umzugehen. Die Indianer sagen, die Erde sei ein lebender Organismus. Wenn wir sie töten, töten wir uns. Aber keine Sorge, bevor die Welt zugrunde geht, stirbt die Menschheit aus. Und wenn wir weiterhin so unbewusst handeln wie bisher, wird das auch nicht mehr lange dauern.

Der Aufgabe, den Menschen die Natur wieder nahezubringen, hat sich auch eine geheimnisvolle Einsiedlerin aus der fernen sibirischen Taiga verschrieben: Anastasia. Sie ist eine Frau, deren lange Ahnenreihe bis zu den Kelten zurückführt und die ich als Botschafterin der Erde verstehe. Sie ist einem breiten Publikum durch die Romane von Wladimir Megre bekannt geworden, Romane, die ihre fast unglaubliche Geschichte erzählen und uns ihre Träume und Vorstellungen der Welt von morgen näherbringen. Allein durch die Rückbesinnung auf die natürlichsten Werte der Menschen kann es zu einer individuellen und kollektiven Wende zum Guten kommen, erzählt sie. In ihren Büchern ist eine besondere Sache immer wieder beschrieben: der Familiensitz. Hier handelt es sich um einen Hektar Land, den jede Familie besitzen sollte. Darauf kann man dann genug Obst und Gemüse anbauen, um eine gesunde und abwechslungsreiche Ernährung für alle Familienmitglieder zu gewährleisten.

Für mich kommt es nicht von ungefähr, dass diese Idee aus Russland stammt. Herrscht dort nicht schon lange eine Situation, wie sie, wenn wir einmal ganz pessimistisch in die Zukunft schauen, auch bei uns eintreten könnte? Der Staat ist fast bankrott, es gibt eine riesige Zahl von Arbeitslosen, wenige bekommen noch ihren Lohn oder das Gehalt regelmäßig ausgezahlt. Da ist es doch nur ganz natürlich, dass die Menschen sich wieder auf das "Alte" besinnen, auf das, was unsere Vorfahren schon taten: Sie bauten ihr Essen selbst an! Und Anastasia hat damit eine wahre Lawine losgetreten (der Flügelschlag, Sie erinnern sich?). Inzwischen entstehen überall Gemeinschaften, die zusammen Land kaufen und hektarweise zu Familiensitzen ausbauen. Und längst nicht mehr nur in Russland. Was für eine einfache und doch so großartige Idee! Ich persönlich möchte meine Zukunft auch gern in einer bewussten und starken Gemeinschaft verbringen, in der man um die Wunder unserer geliebten Mutter Erde Bescheid weiß. Sie auch?

Neulich habe ich einen jungen Mann kennengelernt, der durch die Schließung seines Betriebs erst arbeitslos und dann zum Harz-IV-Empfänger wurde. Er zeigte mir voller Stolz seinen Gemüsegarten und der war ... auf seinem Balkon, mitten in der Stadt. Ich kam aus dem Staunen nicht mehr heraus, als ich die Vielfalt und Pracht dieses "Gartens" sah. Er hatte alles, was er mochte, angebaut in Kisten, Joghurtbechern und Kübeln, und er besaß sogar einen kleinen Kirschbaum, der Früchte trug. In seinem Keller standen Gärgefäße, in denen er Sauerkraut herstellte, und eine große Tiefkühltruhe aus dem Fundus der Arbeiterwohlfahrt. Er konnte sich den ganzen Sommer lang von den Früchten seiner Arbeit ernähren und benötigte kaum Geld für den Supermarkt. Sogar für die Wintermonate hatte er Vorräte angelegt und Kräuter und Gemüse eingekocht, getrocknet, konserviert und eingefroren. Mittlerweile hat er sich mit anderen zusammengetan, und gemeinsam legen sie gerade einen Schrebergarten an. Somit sind ganz viele Fliegen mit einer Klappe geschlagen: Diese Menschen haben Umgang miteinander und versauern nicht zu Hause vor irgendwelchen Bildschirmen. Sie haben eine wirklich sinnvolle Beschäftigung, sie haben gute und gesunde Nahrung und sind stets an der frischen Luft, in der Natur. Welch einfache und doch so effiziente Lösung!

Dieser junge Mann hat wieder völlig die Verantwortung für sich selbst übernommen und fungiert inzwischen als Beispiel für andere. Wie wäre es, wenn man Menschen, die wenig haben und sich für Gartenarbeit interessieren, dabei unterstützt, ihnen ein Stück Land und Saatgut zur Verfügung stellt und sie auf diese Weise ihre eigenen Nahrungsmittel herstellen lässt? Sie könnten dann die Überproduktion an Bioläden in der Umgebung liefern oder auf Märkten verkaufen. Nur eine Idee ...

Bei einem Architekturwettbewerb habe ich einmal Entwürfe gesehen, die die Hochhäuser der Zukunft zeigten. In jedem Haus war ein "Garten" vorgesehen, der die Bewohner mit Obst und Gemüse versorgen sollte. Und die Gärten waren nicht bei jeder Zeichnung auf dem Dach. Es gab Beispiele von seitlichem Bewuchs, der die Häuser wie blühende Oasen erscheinen ließ. Statt aus Glas könnten die Häuser der Zukunft lebendige Fassaden haben. Eine schöne Vorstellung ...

Sepp Holzer hat auch schon mit den Kindern in den Elendsvierteln von Chile Gärten angelegt. Die Basis, quasi die Ersatzerde, war das Material, das die Kinder auf den riesigen Müllhalden fanden. So wurden Holzwolle, Drahtgeflechte und Dämmmaterialien die Grundlage für den Anbau von Gemüse. Die Kinder befestigten diese "Beete" an Betonpfeilern und an ihren Wellblechhütten, ließen sie an unansehnlichen Brückenstreben hochwachsen und machten somit ihre Umgebung auch äußerlich schöner. Und ... sie hatten etwas zu essen!

In meinen Seminaren gibt es immer, wenn es möglich ist, einen Part in der Natur, im Freien. Hier lernen wir, wie heilsam sie ist und wie wir von ihr unterstützt werden. Wenn Sie zu Depressionen neigen, gibt es nur eines: Setzten Sie sich in Bewegung, und gehen Sie raus. Atmen Sie tief durch, und lassen Sie sich berühren von all den Wundern, die Sie draußen entdecken. Ich weiß, dass es oft das Schwierigste ist, sich überhaupt aufzuraffen, aber sind Sie erst einmal in Bewegung, dann merken Sie sehr schnell, wie gut das tut. Sie könnten ja eine Selbsthilfegruppe gründen für Depressive und sich gegenseitig abholen zu ausgedehnten Spaziergängen. Das ist die heilsamste Methode, die ich kenne!

Es gäbe sicher noch Tausende solcher Geschichten, die immer nur eines erzählen: zurückzukehren zur Natur. Zu unserer Grundlage, unserem Fundament. Gehen Sie hinaus, und erkunden Sie die Natur, stellen Sie sich wieder darauf ein. Werden Sie wieder natürlicher, und spüren Sie die enorme Kraft der Erde, die Urkraft. Wer das lernt, der wird ihr auch nicht mehr schaden, nicht mehr schaden können. Aber Vorsicht, machen Sie keine Ausflüge zu Massenzentren, wo gleichzeitig auch immer viel Abfall anfällt. Gehen Sie spazieren am nächsten Fluss, über unberührte Feldwege, in den Bergen oder am Meer. Setzen Sie sich einfach einmal auf eine Wiese, und lassen Sie die Kraft dieses Ortes auf sich wirken. Strecken Sie die Beine in ein fließendes, natürliches Gewässer. Umarmen Sie einen Baum, und schauen Sie den Ameisen zu, wie emsig und unermüdlich sie ihr Tagwerk verrichten, oder beobachten Sie ein kleines Insekt, das sich seinen Weg durch den urwaldähnlichen Grasdschungel bahnt. Wissen Sie dabei, dass jede Art, jede Spezies ihren Platz hat und keine, wirklich keine überflüssig oder gar schädlich ist. Alles in der Natur ist ein Teil des großen Ganzen und hat eine immerwährende Berechtigung, da zu sein. Lernen Sie, wieder hinzuhören auf die Sprache der Natur, es ist die Sprache des Universums. Spüren Sie die Heilkraft und die unsagbare Schönheit, die dort so freizügig gegeben wird. Werden Sie einfach! Werden Sie natürlicher, werden Sie zur Natur. Das ist der erste Schritt zur Rettung unseres Planeten. Das ist es, was Sie dazu beitragen können. Glauben Sie mir, es ist alles vorhanden, um uns alle ein Stück weit glücklicher zu machen. Ergreifen Sie die Chance!

◉ ◉ ◉ Der 5. Grundsatz lautet: ◉ ◉ ◉

Kehren Sie zurück zur und in die Natur!

Werden Sie wieder natürlich. Gehen Sie spazieren, verbringen Sie jede Woche einige Zeit in der Natur - egal, wie das Wetter ist. Gehen Sie auf Vorträge über den umweltbewussten Anbau von Obst und Gemüse. Lernen Sie, was es heißen würde, wenn die Erde nicht mehr gesund ist. Sehen Sie sich Filme an, und lesen Sie Bücher, die erklären, wie wir unseren Planeten erhalten können. Beschäftigen Sie sich mit allen biodynamischen und natürlichen Anbaumethoden, bauen Sie, wo immer es Ihnen möglich ist, Ihr Gemüse, Ihre Kräuter selbst an und lernen Sie dadurch wieder den Umgang mit der Natur. Schlafen Sie einmal im Freien, und betrachten Sie den unendlichen Sternenhimmel über sich. Werden Sie - so gut Sie können - wieder eins mit der Natur. Denn nur wer die Natur versteht, wer sie kennt, kann sie auch achten und bewahren!

◉ ◉ ◉ ◉ ◉

6. Grundsatz:

Erkennen Sie, dass alles, woran Sie glauben, ein Hilfsmittel ist

Was soll denn das nun schon wieder heißen, werden Sie sagen: Alles, woran ich glaube, ist ein Hilfsmittel? Wie ist das gemeint – und Hilfsmittel für was? Ganz einfach: Fast jeder Mensch benötigt etwas, woran er glauben kann, eben ein oder mehrere Hilfsmittel. Manche brauchen für die Unterstützung zur Heilung und für ihre Gesundheit das Hilfsmittel Schulmedizin, andere haben sich für das Hilfsmittel Heiler entschieden. Einige Menschen benötigen mehr Geld, also brauchen sie als Hilfsmittel ein Lotterielos, das gewinnt, oder aber einen Lehrer, der ihnen beibringt, wie man sich Geld am besten und schnellsten manifestieren kann. Ganz viele Menschen denken, das Beste sei die Wissenschaft, der Verstand, und andere glauben, nur Gott sei das Allheilmittel. Aber was auch immer all diese Menschen dazu bewegt, diesen Lehren oder Richtungen zu folgen, eines haben sie alle gemeinsam: die Suche nach dem, was wir vermeintlich nur durch das jeweilige Hilfsmittel wahrnehmen können. Die Suche nach dem Unerklärlichen in uns, die Suche nach dem, das so viele Namen hat und das ich der Einfachheit halber einmal Seele oder Ursprung nenne.

Warum ich all das "Hilfsmittel" nenne? Weil ich unverrückbar davon überzeugt bin, dass wir dies alles ganz am Ende unserer Suche nicht mehr wirklich benötigen werden, weil wir gelernt haben, auf das tiefste Innere in uns zu lauschen und nur noch dem zu folgen, was da so leise zu uns vordringt. Das wird der Moment sein, in dem wir uns unserer selbst bewusst geworden sind! In dem wir verbunden sind mit all dem Wissen, das im Universum auf Abruf wartet, und in dem wir uns gewahr werden, wo wir herkommen und was wir mit unserem Leben erreichen wollten. In diesem Moment ist es dann auch egal, wie wir zu dieser Einsicht gelangt sind: Ob es Meditation, Singen, Tanzen oder Beten war oder ob wir eine bestimmte Ernährungslehre oder Körperarbeit praktiziert haben oder ob ein Lehrer, Engel, Guru oder Therapeut die Schleusen für uns geöffnet hat - dem Universum ist es völlig egal, wie es geschieht, Hauptsache es geschieht! Die Hopi-Indianer sagen: "Wir selbst sind die, auf die wir immer gewartet haben!"

Ich bin in meinem Leben vielen Lehrern und Lehren begegnet und habe einmal eine Zeit gehabt, in der ich Ausbildungen und Seminare regelrecht gesammelt habe. Manches Mal war ich am Ende, dann tief enttäuscht, dass es doch nicht so passt, wie ich es mir erträumt hatte. Ich habe mir Schamanen, Therapeuten, Wissenschaftler und Weisheitslehrer zu Hilfe geholt und wusste damals einfach noch nicht, dass alles nur dazu diente, den eigenen, den ureigenen Weg zu finden. Auch ich habe Noni-, Aronia- und diverse andere Säfte als Allheilmittel getrunken, und auch ich war erstaunt, wenn es bei anderen auf so wunderbare Weise zum Erfolg führte und mich nur etwas ärmer machte. Ich lernte Menschen kennen, die hatten Krebs durch Nahrungsergänzungsmittel besiegt, und andere, die den Kampf verloren haben, weil sie an die Mediziner glaubten, die ihnen mitteilten, dass sie in drei Monaten tot sein würden. Ich stand inmitten von ekstatischen Gruppen und tanzte und schrie wie eine Wildgewordene meine Schmerzen und meine verletzten Gefühle heraus.

Und ich weinte in tiefer Verbundenheit mit fremden Frauen um deren Verlust.

Aber je älter ich wurde, je mehr ich aus den verschiedensten Richtungen an Wissen zusammentrug, desto verwirrter wurde ich. Da behauptete die eine Gruppe, dass die Farbe Blau für Schutz und Heilung stehe - und die andere Gruppe erzählte voller Überzeugung, dass wir damit die Treue, den Frieden und die Wahrheit in unser Leben einladen. Besonders schwer fiel mir immer, Ansätzen in geführten Meditationen zu folgen, die sehr starke Vorgaben machten, wie etwas auszusehen hatte und in welche Farben etwas getaucht war. Bei den Farben merkte ich dann das erste Mal, dass ich mir eine eigene Zuordnung gemacht hatte - und die galt für mich, nur für mich allein. So hielt ich mich fern von allzu großen Vorgaben und Einteilungen. Ich machte mir meine eigenen!

Selbst bei meinen geliebten Schamanen und deren Arbeit mit den Krafttieren hatte ich eigene Interpretationen gefunden, was diese Tiere für mich bedeuteten.

Da ich in meinen Gruppen selbst gern mit dieser Art der Rituale arbeite, war ich doch auch immer wieder erstaunt, wie gern die Teilnehmer den Interpretationen und Vorgaben anderer folgten. Ich bemerkte, dass dies seine Berechtigung hatte und auch hier kein Richtig und Falsch zu finden war. Diejenigen, die schon näher an sich dran waren, hatten ihre eigenen Erklärungen, und diejenigen, die noch weiter entfernt waren von sich selbst, nutzten das Wissen ihrer Lehrer, um sich besser spüren und tiefer in sich "eindringen" zu können. So lernte ich, dass alles und jedes seine Berechtigung hatte. Jede Strömung, jede Richtung, jede Lehre, alles war nur deshalb erschaffen worden, um uns näher an uns selbst zu bringen. Und alles ist richtig.

In letzter Zeit tauchen immer wieder Bücher auf, die Vergleiche ziehen zwischen diesen ganzen Dingen. Da wird eine Methode als glaubwürdig dargestellt und in den Himmel gehoben, und eine andere Methode wird als Scharlatanerie abgestempelt, obwohl es doch so viele überzeugte Anhänger gerade dieser Methode gibt, die darauf schwören.

Ich für mich habe herausgefunden, dass alles möglich ist. Denn wenn ich an etwas Bestimmtes glaube, heißt das, dass ich diesem die Macht gebe, die ich mir noch nicht selbst zugestehe. Also wenn Sie durch einen Arzt Ihres Vertrauens geheilt werden, dann haben Sie sich im Grunde - durch Ihren festen Glauben an die Heilfähigkeit des Doktors - selbst geheilt. (Oje, ich höre schon den Aufschrei der Entrüstung!) Wenn Sie an einen Lehrer glauben und ihn für das einzig Wahre in Ihrem Leben halten, dann geben Sie diesem Lehrer die Macht, etwas in Ihrem Leben zu bewirken. Sie benutzen ihn als *Hilfsmittel*, weil Sie im Grunde davon überzeugt sind, niemals selbst diese Kraft erzeugen zu können. Aber vielleicht bringt gerade dieser Lehrer Sie ja eines Tages zu der Erkenntnis, dass Sie eine eigene Meinung haben, der es sich zu folgen lohnt.

Alles, was Sie tun, egal, wem Sie folgen, alles, was Sie glauben, ist im tiefsten Ursprung richtig, wenn Sie sich dabei wohlfühlen. Lassen Sie sich bloß nicht davon abbringen. Es sollte Ihrem Wohlbefinden dienlich sein. Wenn Sie aus einer tiefen Überzeugung heraus ganz fest an etwas glauben, dann bleiben Sie dabei. Allerdings sollten Sie bedenken, dass es nur ein Hilfsmittel ist, das sie so lange benutzen, bis Sie selbst an sich glauben können. Bis Sie selbst die Macht zurückgewinnen, die Sie dem Mittel oder dem Menschen in Vertretung abgegeben haben. Und hören Sie auf, Ihre Mitmenschen als Spinner, Fantasten oder Irre abzustempeln, nur weil diese nicht an dieselben Hilfsmittel glauben wie Sie! Alles ist möglich, das schließt ALLES ein!

Ich habe *für mich* folgende Hilfsmittel im Einsatz: Da wäre zuallererst einmal der Schamanismus zu erwähnen, der mich lehrt, achtsam mit der Welt umzugehen, und der mich dahingehend beeinflusst hat, dass ich sehr intensiv auf die Signale der Natur hören kann. Ich liebe dieses Hilfsmittel, bin aber ganz langsam dabei, selbst diese tiefe Verbindung wahrzunehmen, die er mir beibringt.

Dann wäre da die Homöopathie. Da ich mir immer noch nicht wirklich zutraue, dass Heilung nur durch mich selbst geschieht, habe ich diese alternative Heilmethode dazu erkoren, mir Heilung zu schenken. Ich war schon jahrelang nicht mehr bei einem Arzt und werde wohl auch so schnell nicht dorthin gehen, ich glaube einfach nicht mehr an deren Arbeitsweisen. Aber ich glaube an die Homöopathie, ich *für mich* - und einige andere anscheinend auch. Sobald ich irgendwelche Beschwerden habe, rufe ich meine Freundin Susanne an und lasse mir das passende Mittel austesten. Ich bin nun schon über fünfzig, erfreue mich bester Gesundheit und bin auch noch einigermaßen fit (ich sitze einfach zu viel am Computer und schreibe ...). Ehrlich gesagt würde es momentan zu viel Kraft erfordern, um mich nur aus der eigenen Macht heraus zu heilen. So ist dieses Hilfsmittel überaus bequem. Wirken tut es ohnehin nur deshalb, weil ich daran glaube.

Das nächste Hilfsmittel ist die Meditation, weil ich nicht fähig bin, den ganzen Tag derart fokussiert zu sein, dass ich sie nicht mehr benötige. Aber die Praktiken haben sich im Laufe der Jahre schon sehr stark verändert bei mir. Heute muss ich mich nicht mehr unbedingt in die völlige Stille eines abgedunkelten Zimmers zurückziehen. Nein, inzwischen kann ich diese total fokussierten Momente auch in der Natur oder sogar auf einem Pferd abrufen. Das ist alles reine Übungssache - wie bei allem.

Damit Sie sehen, dass ich auch eine Art von Aberglauben hege, noch eines meiner Hilfsmittel: Ab und zu gehe ich gern zu einer Kartenlegerin. Jetzt sind Sie verwundert? Aber nicht doch. Ich glaube daran und habe dabei das berühmte Glitzern in den Augen. Ich gebe ihr ganz bewusst die Macht, mir die Strömungen vorauszusagen, die ich einschlagen will. Sagt sie das Gegenteil, so weiß ich dadurch, dass ich noch einmal etwas verändern muss, um zum gewünschten Ergebnis zu kommen. Außerdem trägt sie den wunderschönen Namen "Glück". Also gehe ich zum Glück und lasse mir in die Zukunft schauen ... Würde ich allerdings hingehen und denken, dass das, was sie mir sagt, mein unveränderliches Schicksal ist, dann wäre das ein sehr machtvolles Hilfsmittel, das ich gegen mich selbst richten würde. Also: Aufgepasst, wem Sie die Macht erteilen!

Und dann werden meine Hilfsmittel schon allgemeiner. Ich glaube zum Beispiel nicht mehr an einen bestimmten Gott, den irgendeine Religion vorgibt, sondern ich glaube ganz fest daran, dass wir alle Gott sind! Ich glaube, dass alles, die gesamte Menschheit sowie alle Tiere und Pflanzen, schwingt, Gott ist. Und trotzdem höre ich aufmerksam einem Dalai-Lama oder einem großartigen anderen Weisheitslehrer zu. Aber folgen tue ich schon lange keinem Lehrer mehr. Ich behalte meine Kraft bei mir! Bei meinem eigenen inneren Lehrer. Aber natürlich lerne ich noch immer von ganz vielen Menschen, Büchern oder Filmen, da ich immer noch nicht zu hundert Prozent mit meinem eigenen Wissen verbunden bin. Und ist es dann überhaupt mein eigenes Wissen? Oder sollte man es eher das universelle Wissen nennen? Eine der spannendsten Fragen, die ich in meinem Inneren mit mir herumtrage ... Im Endeffekt gibt es meiner Meinung nach aber ohnehin nur eine Wahrheit, die sich aus allen Wahrheiten jeder lebenden Person zusammensetzt.

Inzwischen haben schon sehr viele Menschen erkannt, dass sie selbst zu dieser enormen Kraft gehören, die uns mit unserem Wissen verbindet. Ein gutes Beispiel ist die sagenhafte Geschichte von Clemens Kuby, einem erfolgreichen deutschen Dokumentarfilmer und Sachbuchautor, der durch einen schweren Unfall querschnittsgelähmt wurde. Ein für die Mediziner dieser Welt unumkehrbarer Zustand, man ist angeblich für sein ganzes Leben an den Rollstuhl gefesselt. Aber jener Clemens Kuby hat noch im Krankenhaus angefangen, wieder an sich zu glauben, und kehrte um, auf den Weg zu sich selbst. Er fasste einen lebensverändernden Entschluss, und fast im gleichen Moment begann seine unfassbare Heilung. Und ... das Wunder konnte geschehen: Nach einer langen und schmerzhaften Zeit konnte er wieder laufen. Ich habe ihn einmal in einer Talkshow gesehen, wo er über diese Zeit berichtete. Er erklärte dort, dass er einzig und allein eine innere Entscheidung für diese Heilung verantwortlich macht.

Da neben ein paar erstaunlichen Heilern natürlich auch "richtige" Mediziner eingeladen waren, können Sie sich den Widerstand vorstellen, den diese Ärzte trotz der bestehenden Fakten spürten. Sie wollten partout nichts von dem hören, was Herr Kuby über seine Selbstheilung erzählte, und schoben alles auf ein unerklärliches Wunder und die Spontanheilung, die es anscheinend auch in der heutigen Schulmedizin geben kann. Dass es neben den Methoden der Schulmedizin (die ihre Berechtigung hat, wenn Sie ihr vertrauen!) aber noch unendlich viel mehr Wege geben kann, hat uns dieser wunderbare Clemens Kuby gelehrt. Heute gibt er überall Seminare zum Thema Selbstheilung und reist um die Welt für eine Vielzahl sehr lehrreicher Dokumentationen über Religionen, Heiler und scheinbar unerklärliche Phänomene. Es lohnt sich, sich einmal ausführlich mit diesem außergewöhnlichen Mann zu beschäftigen. Er ist ein wahrer Meister seiner selbst!

Und genau das können wir alle werden. Dazu sollten wir uns aber unbedingt klarmachen, welche Hilfsmittel wir benötigen und wozu. Schauen Sie einmal, was der Engel Ihnen als Geschenk mitbringt, indem Sie an ihn glauben, und ob der Engel im Endeffekt nicht denselben Namen trägt wie Sie selbst! Schauen Sie, ob der Lehrer, bei dem Sie schon so lange sitzen, Ihre ungeteilte Sympathie hat, oder ob es Seiten gibt, die nicht mit Ihrem Inneren im Einklang stehen. Und vor allem schauen Sie, ob Sie durch diesen Lehrer auf Ihren eigenen Weg kommen oder ob er Sie auf dem seinen hält.

Denken Sie stets daran, dass Geschmäcker verschieden sind und dass wir fast sieben Milliarden Menschen auf dieser Erde sind. Also könnte es sieben Milliarden Richtungen und Wahrheiten geben, denen wir folgen können. Sieben Milliarden verschiedene Hilfsmittel! Angefangen bei Religionen über weise Lehrer, vielfältigste Praktiken, Wissenschaften, Lehren und Gemeinschaften bis hin zum Wahrsagen, Channeln und Weltuntergangsglauben. Alles ist richtig für die Menschen, die dies zu ihrer Überzeugung, ihrem Glauben, gemacht haben. Lassen Sie jeden Menschen bei den Möglichkeiten, von denen er überzeugt ist. Sie dienen nur dem einen Zweck, die enorme Kraft, den Ursprung und das Göttliche, aus dem wir kommen, wiederzufinden! Sehen Sie genau hin, wenn Sie denken, dass ein anderer mehr kann oder über mehr Macht verfügt als Sie selbst. Und vor allem betrachten Sie genau, ob das Mittel, das Sie so teuer bezahlen, nicht durch den eigenen Glauben an sich selbst ersetzt werden könnte.

Noch einmal zum Mitschreiben: Alles, woran Sie glauben, ist richtig. Allerdings ist es nur ein Hilfsmittel, das Sie noch benötigen, bis Sie verstanden haben, dass die Macht ganz allein in Ihnen selbst ruht.

Der 6. Grundsatz lautet:

Erkennen Sie, dass alles, woran Sie glauben, nur ein Hilfsmittel ist!

Egal, was, woran oder an wen Sie glauben, es ist von Ihnen ausgesucht worden, damit Sie dadurch lernen, in Ihre eigene Macht zurückzukehren. Alles ist möglich, es gibt rein gar nichts, das man nicht wählen könnte, damit es als Hilfsmittel fungiert. Lassen Sie jedem seinen Glauben, und lästern Sie nicht über andere. Machen Sie sich immer und immer wieder bewusst, dass es nur *ein* wirkliches Ziel gibt – und anscheinend mindestens sieben Milliarden Wege dorthin! Die unterschiedlichen Methoden und Wege zeigen uns nur die unzählbar vielen Möglichkeiten auf, die alle zu dem einen Ziel führen können: zu dem, was wir wirklich sind. Zu unserem Kern. Zu dem Aus-uns-selbst-Heraus.

⊙ ⊙ ⊙ ⊙ ⊙

7. Grundsatz:
Werden Sie wieder wesentlich

Man sieht nur mit dem Herzen gut.
Das Wesentliche ist für die Augen unsichtbar.
Antoine de Saint-Exupéry

Wenn wir uns die Zustände in unserer Welt einmal objektiv betrachten, dann stellen wir fest, dass wir ganz schön in der Patsche sitzen. Es gibt die Klimaerwärmung, die Immobilienkrise und es bahnt sich anscheinend ein weltweites Finanzdesaster an, an dem jeder zu kauen hat. Und was tut die Welt? Sie schaut, wo es noch mehr zu holen gibt! Die Gier kennt keine Grenzen, und alles ist, trotz Krise, weiterhin nur fast auf eines ausgerichtet: auf den materiellen Gewinn. Das schafft eine immer größer werdende Kluft zwischen Arm und Reich. Weil eben aller angehäufter Reichtum auf der einen Seite im Geldbeutel der anderen Seite fehlt! Alles scheint bei uns nur auf die Anhäufung von Eigentum und die Erfüllung aller Wünsche ausgerichtet zu sein. Wir in der westlichen Welt haben uns inzwischen darauf spezialisiert, immer mehr und mehr zu wollen. Alles muss größer, schöner und teurer sein als das vom Nachbarn! Frei nach dem Motto: mein Haus, mein Auto, meine Jacht ... Wir haben diese Statussymbole zu unseren neuen goldenen Kälbern erhoben. Und wir erinnern uns: Das ging schon einmal schief!

Wir glauben, es ginge nicht ohne die funkelnden und schillernden Gegenstände, die uns in der Werbung so schmackhaft gemacht werden. Viele Frauen geben fast die Hälfte ihres Gehaltes für Mode und Accessoires aus, die sie dann sowieso nur ein paar wenige Male tragen. Männer haben die süßesten Träume von dem neuesten Sportwagen oder der tollsten Maschine. Manch eine Frau versucht, ihre Schönheit, ihren Marktwert (!), zu erhalten, indem sie sich bei einem Chirurgen unter das Messer legt, und verändert dadurch ihr Aussehen oft derart, dass von dem einstigen Menschen kaum noch etwas übrig bleibt. Es ist von immenser Wichtigkeit, dass man mehrere Male im Jahr in den Urlaub fliegt und dann auch noch an die hippsten Plätze der Erde. Wir definieren uns inzwischen über unseren Besitz, und wer da nicht mitspielen kann, fällt durch das großmaschige Netz der Gesellschaft. Es gilt als nicht gerade attraktiv, wenn man kein Geld hat, und am besten hat man mit solchen "Losern" erst gar keinen Kontakt. Wir beurteilen die Menschen nach der Dicke ihrer Brieftasche oder der Höhe ihres Bankguthabens. Ansehen genießen diejenigen, die sich mit Schmuck und Pelz behängen und über eine Platin- oder gar schwarze Kreditkarte verfügen.

Betrachten wir diese Menschen allerdings näher, sehen wir auch hier nicht das große Glück strahlen. Vielmehr finden wir hier häufig Geschöpfe, denen es emotional nicht wirklich gut geht. Und wir entdecken auch Süchte in allen Variationen: Alkohol, Tabletten, Drogen, Sex- oder Kaufsucht, um nur einige dieser Geißeln beim Namen zu nennen. Man kann deutlich sehen, dass Geld nicht wirklich glücklich macht und dass die Sehnsüchte, die man in sich trägt, nicht wirklich durch materiellen Besitz gestillt werden können. Und trotzdem versuchen wir weiterhin, unseren Status dadurch zu erhalten, dass wir mit weit heraushängender Zunge der scheinbar materiellen Befriedigung hinterherhecheln.

Sogar die wunderbaren Bücher über die Kraft der Gedanken haben zum Großteil nur eines im Sinn: dass Sie sich nach dem Lesen alles kaufen können, was Sie wollen. Wollen Sie ein Haus für 1 Million Euro? Kein Problem: Konzentrieren Sie sich nur genug darauf, dann kommt es sicher zu Ihnen. Oder wollen Sie das supertolle neueste Modell von Porsche? Klar, das geht genauso, jeder Wunsch kann in Erfüllung gehen! Mit der Kraft Ihrer eigenen Gedanken!

Sie wissen inzwischen sicher von mir, dass ich ein großer Verfechter der Gedankenmanifestation bin, aber ich versuche nicht das Auto oder das Haus zu manifestieren, ich kreiere mir Glück. Denn Glück ist etwas Wesentliches für und in meinem Leben! Das beinhaltet eigentlich alles, was ich wirklich brauche. Bin ich glücklich, benötige ich nichts anderes! Aber denken Sie jetzt nur nicht, dass ich nur glücklich bin, wenn ich keinen tiefen Mangel mehr in mir trage. Glück bedeutet *für mich*, glücklich zu sein in jeder Situation, ob ich mich gerade im Mangel oder in der Fülle befinde. Denn wenn ich wirklich glücklich bin, dann sieht die momentane Einschränkung auch nicht mehr gar so bedrohlich aus, sondern ist nur noch ein Umstand, der eben gerade vorherrscht. Dadurch wird dem Mangel das große Drama entzogen, und er kann sich freundlich und leicht in Wohlgefallen auflösen. Ich habe aufgehört, mich über Geld zu definieren, was natürlich auch leichtfällt, da ich ja bereits mehrmals alles verloren habe. Aber gerade dadurch weiß ich um meinen eigenen Wert besser Bescheid. Und glauben Sie mir, diese Lehre war nicht so einfach zu begreifen wie es den Anschein hat, wenn man mit lockeren Worten diese Zeilen niederschreibt.

Aber auch hier gilt: Jede Krise birgt ein Geschenk in sich, eine Chance. Jetzt ist es an der Zeit, aus alten Systemen und Konditionierungen auszubrechen - und gelingt uns dies, so werden wir neue Pfade entdecken, die es sich zu beschreiten lohnt. Den Pfad zum Wesen allen Seins. Den Pfad zum Wesentlichen. Besinnen wir uns wieder auf das Wesen in allem, das Wesentliche in uns. Was glauben Sie, wie wichtig ein teures Paar Manolo Blahniks ist, wenn Sie plötzlich die Diagnose Brustkrebs bekommen? Was glauben Sie, ist an der Marke Ihres Autos noch wichtig, wenn es bei einem Sturm von der Straße gefegt wird und Sie darin sitzen? Oder wenn Sie durch den Verlust Ihrer Arbeit plötzlich die teure Hypothek Ihres Hauses nicht mehr zahlen können? Was glauben Sie, ist wirklich wichtig in Ihrem Leben, wenn Sie einmal all die oberflächlichen Dinge darin weglassen? Setzen Sie sich bitte einmal ein paar Minuten mit diesem Gedanken auseinander. Was ist das Wesentliche in Ihrem Leben?

Gehen wir einmal davon aus, dass Antoine de Saint-Exupéry wirklich recht hat mit seinem berühmten Ausspruch: *Man sieht nur mit dem Herzen gut. Das Wesentliche ist für die Augen unsichtbar.* Dann müsste das Wesentliche über das Herz, also das Gefühl, zu erkennen sein. Betrachten Sie Ihr Leben einmal aus der Sicht Ihres Herzen, welche für Sie wesentlichen Dinge tauchen dann in Ihnen auf? ... Na, sind Begriffe gekommen wie: Liebe, Familie, Gesundheit, Geborgenheit ...? Nehmen Sie jetzt Ihre gefundenen Herzenswörter, und betrachten Sie einmal, wo Sie diese in den letzten zwei Monaten gelebt und daran gearbeitet haben. Wann haben Sie sich zuletzt mit den wesentlichen Dingen in Ihrem Leben beschäftigt, sich wirklich und wahrhaftig mit ihnen auseinandergesetzt? Ziehen Sie einmal eine kurze Bilanz, vor allem emotional! Zu welchem Ergebnis kommen Sie? Wenn dabei eine verwirrte Leere entstanden ist, dann haben Sie jetzt die Chance, genau diese Leere zu füllen. Ab sofort! Machen Sie jeden Tag etwas wirklich Wesentliches, aus dem Herzen heraus - für sich, für Ihre Familie, für die Welt. Überlegen Sie, was wesentlich sein könnte, und setzen Sie das dann einfach um!

Gestern habe ich mit meiner Freundin Sandy über dieses Thema diskutiert. Ich fragte sie, was wesentlich in ihrem Leben sei. Ihre spontane Antwort darauf war, sich jeden Tag seiner Liebe und auch der Selbstliebe bewusst zu werden. An dieser Antwort sieht man schon, Sandy ist eine Frau, die bereits viel an sich gearbeitet und schon lange die reine Oberfläche verlassen hat. Zu meiner Überraschung rief sie mich aber heute Morgen noch einmal an. Sie hatte lange über diese Frage nachgedacht und sich sogar hingesetzt und etwas ausformuliert. Hier ist ihr Ergebnis: "Das Wesentliche für mich, Sandy, ist es, mir meiner selbst bewusst zu sein, denn dann kann ich meinen gelernten Werten meine eigenen Werte geben und meine Grenzen im Kopf in meiner eigenen 'Selbst-bewusst-heit' loslassen." Ich bin jeden Tag aufs Neue dankbar für solche Freunde. Freunde, die sich tiefe Gedanken um derartige Dinge machen, und Freunde, die dadurch auch etwas bewirken auf dieser Welt. Denn wie war das noch mal: Zuerst entsteht der Gedanke, und dann erst können Taten folgen! Der nächste Schritt für Sandy wäre jetzt, eine praktische Umsetzung ihres wesentlichen Gedankens zu finden.

Folgen Sie dem Beispiel meiner Freundin: Formulieren Sie das, was Sie für wesentlich halten in Ihrem Leben und ... dann versuchen Sie, es in Ihren Alltag einzubauen. Sie können wirklich niemanden auf dieser Welt verändern, Veränderung findet ausschließlich in Ihnen selbst statt! Man kann allerdings ein Beispiel sein für andere. Wenn Sie sich erinnern an die eigentlichen Werte wie Familie, Gemeinschaft, Zusammengehörigkeit, Menschlichkeit, wenn Sie sich erinnern an Gleichwertigkeit, Brüderlichkeit und Erfülltheit, dann trägt diese Erinnerung den Samen in sich, weiterzuwachsen in vielen anderen! Kein Mensch ist mehr wert als ein anderer, keiner ist besser oder schlechter, keiner größer oder machtvoller. Wenn wir uns aber wieder auf die wesentlichen Dinge besinnen, strahlt das aus uns heraus, was wir als Kern immerwährend in uns tragen: die Liebe! Die Liebe, die Sie weder empfangen noch geben können, da sie einfach nur IST.

◉ ◉ ◉ Der 7. Grundsatz lautet: ◉ ◉ ◉

Werden Sie wieder wesentlich!

Hören Sie auf, dem goldenen Kalb hinterherzurennen, und hören Sie auf, die Menschen nach ihrem Status und ihrem Äußeren zu beurteilen. Schauen Sie sich die wesentlichen Dinge in Ihren Freunden, bei Ihren Nachbarn und in Ihrer Familie an. Schauen Sie direkt aus Ihrem Herzen heraus. Wer ist besonders fürsorglich, wer sticht durch Mut und Zivilcourage hervor? Wer von Ihrer Familie hat das größte Herz, und zu wem gehen Sie, wenn Sie wirklich einmal emotional am Boden sind? Laden Sie die wesentlichen Dinge in Ihrem Leben wieder ein zu wirken. Werden Sie sich Ihrer selbst bewusst, und laden Sie die eigentlichen Werte wieder in Ihr Dasein ein. Jetzt, denn Liebe ist das Ziel!

◉ ◉ ◉ ◉ ◉

8. Grundsatz:

Laden Sie die Dankbarkeit in Ihr Leben ein

Dankbarkeit ist der Motor, das habe ich in meinem ersten Buch geschrieben. Für mich ist es ein lieb gewonnenes Ritual geworden, den Tag mit einer Dankbarkeitsübung zu beginnen, meistens beim Zähneputzen und unter der Dusche. Ich zähle alles auf, wofür ich dankbar bin. Mein schönes Haus, meine gesunden Zähne, meine vielen Freunde ... Mir fallen unendlich viele Dinge auf einmal ein, wenn ich diese Übung beginne. Ich bedanke mich für die großartige Unterstützung, die mir zuteil wird, für die Resonanz auf meine Bücher, für das wunderbar weiche Badetuch, für meine schönen Haare. Ich schaue mich im Spiegel an und bedanke mich für meinen schönen und jugendlichen Körper, für meine Gesundheit und mein Lächeln.

Oft stimmt es momentan nicht ganz mit der Realität überein, wofür ich mich da bedanke. Zum Beispiel bin ich, wie jede Frau, meist nicht ganz zufrieden mit Teilen meines Körpers, und wer mich kennt, fängt an zu schmunzeln, wenn ich schreibe: Ich danke für meine schönen Haare. Aber damit ich mich nicht in die Strömung von Gemecker und Genörgel hineinreißen lasse, danke ich lieber dafür, dass es ganz okay ist, so wie es ist. Das schafft auf jeden Fall eine bessere Energie, als die ganze Zeit an mir herumzukritisieren. Und ... es macht durchaus glücklich und zaubert mir ein Lächeln ins Gesicht. Ich bedanke mich sogar für die Dinge, die noch gar nicht vorhanden sind, sondern die Zukunft sein sollen: wie das Kennenlernen einer für mich wichtigen Person, oder ganz konkret: Ich danke dafür, dass dieses Buch gern und viel gelesen wird.

Ich stehe unter meiner Dusche, treibe, mit immer länger werdenden Danksagungen, meine Wasserrechnung in die Höhe und spüre die fabelhafte Energie, die in solch einer Dankbarkeit enthalten ist. Und weil es mir inzwischen so unsagbar leichtfällt, dieses Ritual zu machen, muss ich mich schon stoppen, weil mir immer und immer wieder etwas Neues einfällt, wofür ich dankbar sein kann. Aber auch während des Tages kommt es manchmal vor, dass ich plötzlich wieder anfange, tiefe Dankbarkeit in mir zu spüren. Für das himmlisch schöne Wolkenbild über mir, die strahlenden Farben der Blumen, die ich unterwegs entdecke, oder den erstaunlichen Menschen, der mir gerade gegenübersitzt. Dankbarkeit ist wirklich ein Motor für die ganz besonders gute Energie in mir. Und manchmal, wenn es mir gerade nicht gelingt, so viel Schönes wahrzunehmen in meinem Umfeld, dann bin ich auch schon mal dankbar für die Traurigkeit und die Tränen in mir.

Es gibt Tage, da wache ich schon ganz früh am Morgen auf und spüre dieses wundervolle Gefühl in mir aufsteigen, das ich meist dann hervorbringe, wenn ich zutiefst dankbar bin. Dann weiß ich, heute wird ein ganz besonderer Tag, denn was mit so tiefer Dankbarkeit beginnt, kann nur unbeschreiblich schön werden. Und oft sind genau das dann die Tage, von denen man noch lange erzählen wird, weil scheinbare Wunder passiert sind. Für mich ist ein Wunder das Ergebnis von Dankbarkeit. Ich kann immer den Zusammenhang erkennen, wenn Wunder in meinem Leben geschehen. Ich habe sogar gelernt, dass man für die vermeintlich schlimmen Geschehnisse im Leben Dankbarkeit empfinden kann, da ich durch meine vielen Erfahrungen weiß, dass alles immer ein Geschenk in sich trägt. Aber für diese Erkenntnis habe ich einige Zeit gebraucht.

Dankbarkeit ist auch eines der unübertrefflichsten Hilfsmittel zum Manifestieren der eigenen Wünsche. Als ich mein allererstes Buch schrieb, habe ich mir jeden Morgen in meinem Dankbarkeitsritual den Satz vorgesagt: "Hallo Frau Drungowski, wir haben Ihr Manuskript gelesen und finden es gut. Wir möchten es gerne verlegen." Ich habe dafür unendlich oft gedankt, dass genau dieser Satz irgendwann einmal Realität wird. Dabei habe ich mir die sanfte Stimme einer jungen Frau vorgestellt, der Lektorin, mit der ich zu diesem Zeitpunkt schon ein oder zwei Briefkontakte hatte. Ich ließ nie locker und baute diesen Satz immer wieder in mein alltägliches Ritual ein. Und dann klingelte eines Tages das Telefon bei mir. Ich meldete mich, und es stellte sich ein Herr vor: "Frau Drungowski, wir haben Ihr Manuskript gelesen und finden es gut. Wir möchten es gern verlegen." Das Einzige, was ich damals im ersten Moment herausbrachte, war: "Aber Sie sind ja gar keine Frau!" Woraufhin der gute Herr lachend antwortete: "Oh, Entschuldigung!" Später, als ich durch die Wohnung hüpfte wie eine wild gewordene Hummel und ich ständig "danke, danke, danke" vor mich hinlachte, war ich doch einigermaßen erstaunt darüber, wie sehr sich die Sätze glichen. Dabei wurde mir die Kraft, die Energie, die Wirksamkeit meines Rituals und der Dankbarkeit erst bewusst. Wie unglaublich ist das denn? Und weil es mir so klar vor Augen geführt wurde, dankte ich seit diesem Tag noch intensiver und eindringlicher als vorher.

Dankbarkeit verfügt über eine ganz besondere Schwingung, und genau diese Schwingung bringt Sie in den Zustand, den man benötigt, um zu manifestieren. Das ist ganz besonders wichtig, dass Sie das begreifen! Versuchen Sie es einfach selbst einmal. Mäkeln Sie morgen vor dem Spiegel nicht mehr an sich herum, sondern seien Sie dankbar für Ihre Figur, die so ist, wie sie ist, für

Ihre Augen, die so aussehen, wie sie aussehen, und für Ihre Haare, die so fallen, wie sie fallen. Und schalten Sie für eine Weile den inneren Kritiker einfach einmal aus, schicken Sie ihn (oder sie) aus dem Bad. Und was zuerst wie ein großer dicker Schwindel daherkommt, zaubert Ihnen schon nach kurzer Zeit eben jenes Lächeln auf die Lippen, das dann entsteht, wenn man sich über sich selbst amüsiert. Dann sieht alles schon viel leichter aus und ist auch wirklich nicht mehr so dramatisch wie noch gerade eben. Und schon geht es Ihnen irgendwie ein bisschen besser.

Aber nicht nur die Äußerlichkeiten sind es, die uns zum Strahlen bringen können. Wenn Sie immer wieder dafür danken, dass Sie gelernt haben, sich selbst zu lieben, dann verstärkt eben das genau dieses Gefühl in Ihnen: die Selbstliebe. Also, wenn Ihnen irgendetwas fehlt in Ihrem Leben, dann schauen Sie sich um und danken Sie dafür, wenn Sie auch nur den allerkleinsten Zipfel davon entdeckt haben. Oder erinnern Sie sich in Gedanken an etwas, das dieses Gefühl auslöst oder dafür steht - das kann durchaus auch eine Filmszene sein. Danken Sie dafür, dass Sie es erkannt haben - und seien Sie sich bewusst, dass wir nie etwas erkennen können, was wir nicht auch in uns tragen ...

Ich mache solche Rituale außerordentlich gern an meinen Bewusstseinstagen und -abenden. Meist verstärkt eine Gruppe diese erstaunliche Energie noch um ein Vielfaches, und wir gehen beschenkt und glücklich lächelnd nach Hause. Beschenkt von der Dankbarkeit in uns. Was für ein wunderschöner Gedanke! Apropos: Schauen Sie sich das Wort "Gedanke" doch einmal genauer an. Der "Ge-danke" trägt den Dank schon in sich! Wenn das kein Hinweis ist ...!

◉ ◉ ◉ Der 8. Grundsatz lautet: ◉ ◉ ◉

Laden Sie die Dankbarkeit in Ihr Leben ein!

Machen Sie ein tägliches Dankbarkeitsritual zu einem festen Bestandteil Ihres Lebens. Spüren Sie die außergewöhnliche Energie, die sich dabei in Ihnen ausbreitet. Bedenken Sie: Dankbarkeit verstärkt jedes Gefühl, wofür Sie danken. Sie ist einer der unglaublichsten Multiplikatoren, den wir in uns tragen. Nutzen Sie diese Kraft. Ab sofort. Jeden Tag! Es wird Sie ein gutes Stück näher an Ihr Glück bringen! Denken Sie immer daran: Dankbarkeit ist der Motor!

◉ ◉ ◉ ◉ ◉

9. Grundsatz:

Achten Sie auf den Tempel Ihrer Seele: Ihren Körper

In der heutigen Zeit, in der nicht einmal mehr das gute Gemüse die ausreichende Versorgung Ihres Körpers mit Vitaminen und Spurenelementen gewährleisten kann, sollte man sich ernsthaft Gedanken machen, was man seinem Körper zuführt. Der überwiegende Teil der Bevölkerung stopft Dinge in sich hinein, die unsere Vorfahren angeekelt weggeworfen hätten, da sie ihnen giftig vorgekommen wären. Und das sind sie dann auch: Vieles ist Gift für unseren Körper. Zucker, Alkohol, viel Fettes, übermäßig viel Fleisch oder Weißmehl. Sie kennen diese Aufzählung. Dann kommt noch der Mangel an Bewegung und frischer Luft hinzu, und schon sind wir weit entfernt davon, was man als gesund bezeichnen könnte. Die sogenannte Zivilisation bringt dann auch noch die nach ihr benannten Krankheiten hervor, die inzwischen schon als total real anerkannt werden von der breiten Masse. Die Zukunft wird bestimmt von neuen Massenkrankheiten, wie etwa Diabetes oder Arthrose, die fast schon als notwendiges Übel angesehen werden.

Dabei ist es an uns selbst, diesen Erkrankungen entgegenzuwirken. Aber bitte, mal ganz ehrlich, wer tut das denn wirklich?

Auch ich sitze hier und weiß, dass ich heute den ganzen Tag noch nicht an der frischen Luft war und die meiste Zeit vor dem Computer verbracht habe. Deshalb muss ich mir jetzt ganz bewusst vornehmen, zumindest morgen rauszugehen - egal, wie das Wetter ist - und mich in der Natur aufzuhalten und mich zu bewegen. Es gibt natürlich viele Leser, die das nicht so leicht können. Acht Stunden Arbeit oder mehr, dann nach Hause hetzen, einkaufen, Kinder einsammeln und dann noch schnell daheim ein bisschen Ordnung machen. Da bleibt keine Zeit und vor allem kein Quäntchen Lust mehr für Spaziergänge oder sportliche Betätigung. Wenn wir uns allerdings zu den bewussteren Menschen zählen wollen, sollten wir zumindest im Rahmen unserer Möglichkeiten Achtsamkeit walten lassen. Da könnte man zum Beispiel mit der Ernährung anfangen und den Konsum von Fleisch und Wurst zurückschrauben. Das dient der Welt und Ihrem Körper.

Nehmen Sie sich doch auch einmal vor, statt des täglichen Fernsehmarathons einmal mit der Familie ein "Was-steht-an-Gespräch" zu führen. Ganz viele Eltern bekommen einfach nicht mehr mit, was in Ihren Kindern wirkt und womit sie hauptsächlich ihre Zeit verbringen. Da schafft solch ein Gespräch eine Möglichkeit der tieferen Kommunikation, und zugleich schulen Sie Ihre Kinder in ihrem Ausdruck. Wann hat in Ihrer Familie zuletzt ein längeres Gespräch stattgefunden? In den indianischen Zirkeln gibt es dafür ein fabelhaftes Ritual: den Redestab. Jeder, der den Stab in der Hand hält, darf das aussprechen, was er schon lange mitteilen wollte und was ihm am Herzen liegt. Solange der Redner den Stab in der Hand hält, darf er nicht unterbrochen werden von den anderen Teilnehmern des Kreises. Die Regel ist: Man darf nur von sich erzählen, also kann keine Schuldzuweisung stattfinden. Sätze wie "Der Peter hat ... oder ist ..." sind nicht gestattet. Wohl aber: "Mir geht es nicht so gut damit, dass ..." Eine liebe Freundin von mir wollte einmal in die Politik gehen und solcherlei achtsame Rituale einführen. Leider ist sie nicht sehr weit gekommen auf ihrer Liste. Ich hätte sie allein schon wegen der Idee gewählt, dieses Ritual einzuführen. Das ist ein wirklicher Beitrag für bewusstes Handeln. Und ... es hilft auch dabei, Ihren Geist gesund zu erhalten.

Es ist von immenser Wichtigkeit, optimal für unseren Körper zu sorgen. Er ist der Tempel, die Heimat unserer Seele und gerade deshalb besonders schützenswert. Je länger und auch fitter unser Körper durchhält, desto intensiver können wir darin lernen. Auch wenn wir uns nach Ansicht vieler religiöser Richtungen nicht allzu sehr mit unserem Körper identifizieren sollten, so ist es doch enorm wichtig, ihn gesund zu erhalten. Ich spreche hier nicht von Askese oder Verzicht, ich spreche - wie immer - von mehr Bewusstheit. Denn Bewusstsein heilt! Alles, was Sie anstellen, um Ihren Körper zu gefährden oder ihm zu schaden, lässt auf wenig bewusstes Denken schließen, und meist handelt es sich einfach um eine Übersprungshandlung. Oder halten Sie den Kick bei einem Bungeesprung für unbedingt erforderlich? Bei manchen mag das wohl zutreffen, aber in den meisten Fällen geht es um ganz andere Dinge.

Irgendwie sind wir Menschen in der westlichen Welt regelrecht paralysiert, was unsere Gesundheit anbelangt. Ständig hören wir nichts anderes als "Pflegeversicherung" oder "Vorsorgeuntersuchungen". Das Ganze macht eher krank als gesund, denn weiß ich viel von einer Krankheit, ist es auch besser möglich, diese zu manifestieren. In Ländern der Dritten Welt gibt es solcherlei Krankheiten wie bei uns gar nicht. Das klingt für viele jetzt vielleicht infam oder unglaubwürdig, doch wo kein Augenmerk darauf gelegt wird, was sein könnte, da ist es auch nicht in so großer Zahl vorhanden. Wenn wir die Verantwortung für uns selbst wieder übernehmen, führt allein das schon zu einem gesünderen Zustand. Wenn wir aus dem Spiel aussteigen, ganz bewusst aussteigen, das momentan vorherrschend ist in der westlichen Gemeinschaft, dann können wir wirklich etwas verändern - für alle, auch für die,

die jetzt noch besonders ängstlich an dieser alten Ordnung festhalten. So hätten wir dann die Tür geöffnet, um wirklich verantwortlich und selbstbestimmt mit unserem Körper umzugehen. Das gehört unbedingt dazu, um sich seiner selbst bewusst zu werden.

Also: Seien Sie ab dem heutigen Tag ein ganzes Stück achtsamer, wie Sie mit Ihrem Körper umgehen! Das wird zu erstaunlichen Veränderungen führen, und genau diese Art von Veränderung braucht die Welt.

Der 9. Grundsatz lautet:

Achten Sie ab heute mehr auf Ihren Körper!

Vergessen Sie nie: Ihr Körper ist die Heimat Ihrer Seele. Je sorgfältiger und verantwortungsbewusster Sie mit ihm umgehen, desto mehr können Sie von ihm profitieren.

10. Grundsatz:

Vergessen Sie nie zu lachen

Es heißt, dass Kinder circa 400-mal am Tag lachen, Erwachsene meist nur noch 15-mal. Anscheinend kommt uns im Laufe unseres Lebens das Lachen abhanden. Wir verlieren den Humor. Nicht nur, dass uns als Erwachsener das Lachen scheinbar verloren geht, es klingt auch anders. Wenn ein spielendes Kind lacht, dann kommt dieses Lachen meist von ganz tief im Inneren, ist laut und außerordentlich ansteckend. Bei den Großen ist das Lachen irgendwie schon sehr verhalten, und häufig ist es auch nicht mehr laut. Ja, es galt bis vor kurzem sogar als unschicklich, derart laut loszuprusten, und wurde als Fauxpas gesehen. Gesellschaftlich hat sich diesbezüglich zwar einiges verändert, aber das Nichtlachen blieb!

Dabei heißt es doch: “Lachen ist gesund.” Neurologen haben herausgefunden, dass beim Lachen bestimmte Hormone ausgeschüttet werden, die das Immunsystem stärken und zu unserem allgemeinen Wohlbefinden beitragen. Außerdem werden beim Lachen ganz viele Muskelgruppen angespannt und dadurch gut durchblutet, man kann bei einem Lachanfall sogar einen Muskelkater bekommen! Die Lungen werden bis in die Spitzen durchlüftet, und das Zwerchfell wird besser gehoben. Da diese positiven Nebenwirkungen inzwischen auch wissenschaftlich erforscht und nachgewiesen wurden, halten immer mehr Therapeuten häufiges Lachen für ein äußerst wirksames Mittel gegen Stress. Derzeit entstehen viele Lachclubs, und das Lachyoga ist in der therapeutischen Szene stark auf Erfolgskurs. Dies zeigt deutlich, wie notwendig Lachen ist. Interessant ist auch, dass der Körper nicht zwischen echtem und gewollt hervorgerufenem Lachen unterscheidet und die Auswirkungen deshalb gleichermaßen positiv sind. Sogar ein Lächeln bewirkt schon einiges. Sie werden von Ihrer Umgebung sofort als sympathischer eingestuft und auch freundlicher behandelt. Ein Lächeln gilt als Türöffner in jeder Hinsicht. Ich hatte schon manchen wirklichen Lachanfall in meinem Leben, und allein die Erinnerung daran bewirkt einen neuerlichen.

Natürlich gab es auch Zeiten, da ist mir das Lachen vergangen, und im Nachhinein sind genau dies die mühsamsten Zeiten gewesen, die es zu überstehen galt. Mit einem Lachen wären wohl auch solche Phasen etwas weniger schwer zu bewältigen gewesen. Aber es müssen nicht immer schwere Zeiten sein, auch wenn wir uns einfach zu ernst nehmen, dann vergeht es uns auch, das Lachen. Eine Zeit lang glaubte ich, dass ich alles sehr ernsthaft angehen müsste. Mein damaliger Mann beschwerte sich des Öfteren darüber, dass ich anscheinend zum Lachen in den Keller gehen müsse, weil ich hinter jedem Spaß versuchte, die Tiefe zu ergründen, oder ihn als oberflächlich abtat. Damals glaubte ich ganz fest, dass es nicht gut ist, wenn man sich auf dem Weg zur Bewusstheit mit trivialen Dingen beschäftigt. Ich hatte an jedem Witz, der gemacht wurde, etwas auszusetzen und empfand ihn meist als diskriminierend und oberflächlich. Alles Spaßige und für mein Empfinden zu Lockere hinterfragte ich, und ich wurde auf diese Weise buchstäblich zur Spaßbremse.

Zum Glück - für meine Umgebung und natürlich auch für mich - nahm ich damals regelmäßig an einer Trommelgruppe teil. Wir trafen uns jeden Montag und hatten meist ein bestimmtes Thema, für das wir dann trommelten. Aber wir machten auch

Trommeltrancen, in denen wir in die inneren Welten reisten und zur Lösung eines bestimmten Konflikts Hilfe erbaten. Dies ist eines der wunderbaren Rituale, die ich sehr schätze an der schamanischen Arbeit. Durch das In-sich-hinein-Lauschen bekommt man oft sehr klare Antworten auf die gestellten Fragen. Ich weiß es noch wie heute: Ich hatte keine Frage, und deshalb bat ich, mich dorthin zu führen, wo etwas verborgen lag, was ich im Außen nicht erkennen konnte.

Die Trance begann, und ehe ich mich versah, fand ich mich in meiner Gedankenwelt mitten in einer großen, feuchten Höhle wieder. Es war kalt und ungemütlich, und ich nahm einen starken Modergeruch wahr. Mehrere niedrige Gänge führten von der Höhle weg, und neugierig betrat ich einen davon. Ich folgte ihm, und nach einer gewissen Zeit bemerkte ich, wie er immer tiefer bergab führte. Es wurde zunehmend düsterer und unfreundlicher, ich fühlte mich nicht wirklich wohl. Doch gerade, als ich darüber nachdachte, ob ich umkehren sollte, stand ich plötzlich vor einem rostigen Gittertor, das anscheinend direkt in das dahinterliegende Verlies führte. Ich konnte ganz leicht die quietschende, rostige Tür öffnen und betrat den Kerker mit einem mulmigen Gefühl. Ich suchte den ganzen Raum ab, konnte aber kein Lebewesen erkennen. Bis ... ja bis ich ein leises Schluchzen aus der dunkelsten Ecke hörte. Ich trat näher und sah, dass dort so etwas wie ein kleiner grüner Gnom saß, der sich zitternd an die feuchtkalte Wand presste. Das Wesen war scheu, und ich hatte keine Angst vor ihm, also fragte ich: "Wer bist du denn? Und wer hat dich hier unten eingesperrt?" Der Gnom antwortete ziemlich forsch: "Na, wer werde ich schon sein? Und tu nicht so, als ob du die Unschuld vom Lande wärst!"

Ich verstand erst nicht, aber er eröffnete mir dann, dass er mein Schalk sei und dass ich ihn höchstpersönlich nach hier unten verbannt habe. Zuerst war ich erstaunt darüber, dass mir da mein Schalk gegenübersaß, und schließlich stellte sich bei mir eine tiefe Betroffenheit ein. Wie in einem kleinen inneren Film liefen Szenen meines Lebens an mir vorbei, die mich als spontane, witzige und manchmal überaus alberne Frau zeigten. Szenen, in denen ich viel gelacht hatte und die so unendlich weit entfernt schienen. Tief betroffen nahm ich den kleinen Schalk in meine Arme und bat ihn um Verzeihung, dass ich ihn weggesperrt hatte. Ich versprach ihm, ihn gleich wieder mitzunehmen hinauf in mein reales Leben und ihn nie wieder von diesem auszugrenzen. Glücklich kletterte der kleine Kerl auf meine Schulter, und wir gingen zur Höhle zurück.

Genau in diesem Moment wechselte auch der Trommelrhythmus, ein Zeichen zum Zurückkehren in die reale Welt, in den Raum, in dem man diese Trance machte. Als ich die Augen aufschlug, liefen mir die Tränen die Wangen herunter, und ich erzählte der Gruppe anschließend von dieser erschütternden Begegnung. Da hatte ich vor lauter Tiefe und Wahrhaftigkeit doch glatt meinen berühmten Schalk im Nacken verloren. Manchmal erwische ich mich noch dabei, alles zu ernst zu nehmen, dann sticht mich allerdings etwas in meiner Schulter und macht mich so darauf aufmerksam, dass ich wieder einmal zu verkrampft an eine Sache rangehen will.

Gerade spirituelle Menschen oder Menschen, die auf dem Weg zur Bewusstheit sind, haben oft das Problem, dass ihnen die Oberfläche als zu oberflächlich erscheint. Stimmt ja auch. Aber eine Bitte: Gehen Sie niemals zum Lachen in den Keller, nehmen Sie sich einfach nicht zu ernst und lächeln Sie auch mal bei Albernheiten, die Sie nicht so tiefsinnig finden. Wo aus vollem Herzen gelacht wird, kann kein falscher Platz sein! Machen Sie nicht den gleichen Fehler wie ich: Sperren Sie auf keinen Fall Ihren inneren Schalk in ein dunkles Verlies! Beim Lachen atmen Sie zudem tiefer, und das löst Verspannungen in Ihrem Körper auf. Probieren Sie es! Jeden Tag!

Der 10. Grundsatz lautet:

Vergessen Sie niemals zu lachen!

Nehmen Sie sich einfach nicht immer so ernst. Lachen Sie auch einmal über die Dinge, die Ihnen vielleicht unreif oder kindisch vorkommen. Gerade die Menschen, die auf dem Weg zur Bewusstheit sind, sind oft ganz einfach und manchmal sogar albern. Lassen Sie sich von jedem Lachen anstecken, das Ihnen begegnet, und geben Sie es weiter. Das trägt zur wirklichen Entspannung auf dieser Welt bei.

Teil 2:

Ihre eigene Geschichte

Ich hatte einen Traum

In einer Zeit, in der ich mich immer mehr meinem Inneren zuwendete, arbeitete ich mit einer ganz besonderen Methode zur Festigung des Zustandes, wie man ihn zum Beispiel in tiefer Meditation erfahren kann. Ich benutzte damals sogenannte Hemi-Sync-CDs des Institutes von Robert A. Monroe aus Virginia. Dies ist eine Klangmethode, mit deren Hilfe man in eine Reihe unterschiedlicher Bewusstseinszustände kommen kann. Diese Klänge wirken direkt auf beide Gehirnhälften, synchronisieren diese und bringen sie in eine gemeinsame Schwingung. Das bewirkt, dass man in außergewöhnlich tiefe und fokussierte Bewusstseinszustände gelangen kann. Ich arbeitete jeden Abend mit diesen Klängen, kurz bevor ich einschlief. Nur dadurch konnte ich mir später erklären, warum ich einen derart deutlichen und klaren Traum hatte ... einem wirklich ungewöhnlichen Traum, den ich Ihnen nun gern schildern möchte.

In diesem Traum flog ich völlig beschwingt und glücklich durch das Universum. Es war, als ob mich etwas magnetisch anzog, von dem ich wusste, dass es sehr wichtig sein würde für meinen Weg. Irgendwann landete ich vor einem riesigen Tor. Mir war klar, dass ich da durchgehen musste und dass ich dorthin gerufen worden war, um etwas Grundlegendes zu erfahren. Also ging ich, ohne zu zögern, durch diese Pforte. Dahinter tauchte ich ein in ein gleißend helles, warmes Licht, und zuerst konnte ich nichts erkennen. Aber plötzlich war es so, als ob jemand das Licht gedimmt hätte zu einer für mich erträglichen Helligkeit. Nun konnte ich sehen, dass dieses Licht von einem unbeschreiblich riesigen Feuerball ausging, der mich an unsere Sonne erinnerte. Nur eben nicht ganz so groß und viel näher bei mir, ich stand ja quasi direkt davor. Ich spürte nichts von der Hitze, die man vermuten müsste bei einem so riesigen Feuerball, und trat noch näher heran. Da löste sich ein Tropfen aus dieser Kugel und flog direkt auf mich zu. Verwundert streckte ich meine Hand danach aus, und in dem Moment, als ich ihn berührte, tauchte schemenhaft aus dem Tropfen die Gestalt meiner Mutter auf. Ich war erst sehr erstaunt darüber, aber gleich im nächsten Augenblick wurde ich auch umfangen von einem ganz wunderbaren Gefühl der Liebe und Geborgenheit. Ich weiß noch, dass ich weinen wollte, aber es flossen keine Tränen. Das Lichtwesen sprach dann zu mir: "Du bist hier, um wahrhaftig zu erfahren, woher du wirklich kommst und wie der Weg aussieht, den du für dich selbst gewählt hast. Sei konzentriert und lerne!"

Mit diesen Worten drehte sich meine "Mutter" um, und mit einem Mal wurde mir bewusst, was das hier war: Ich stand direkt vor meiner Seelenfamilie, vor der Quelle meines Seins, vor dem Ursprung. Mir wurde wie in einem Schnelldurchlauf gezeigt, dass ich, bevor ich dieses Leben gewählt hatte, genau festgelegt hatte, mit welchem Anteil aus dieser Familie ich welche Erfahrung machen wollte. Dabei wurde mir auch gezeigt, dass alles, was wir dort verabredeten, von reiner Liebe getragen wurde. Die Seelen, die mir großen Schmerz zufügen sollten, waren auch die Seelen, die mich am meisten liebten, sonst hätten sie sich nicht dazu bereit erklärt. Hier wurde genau verabredet, welche Energie in meiner späteren Ursprungsfamilie herrschen sollte - und welcher Mangel mich dort erwartete. Mir wurden hilfreiche Seelen zur Seite gestellt, die mich bei bestimmten Erfahrungen besonders unterstützen würden, und wir legten fest, welchen Hilfsmitteln ich unbedingt vertrauen und Glauben schenken würde. Das Land wurde gewählt, das nicht unwesentlich zu meiner Entwicklung beitragen würde, und die Gesellschaftsform. Zu meiner Verwunderung wählte ich auch die Zeit, in der ich inkarnieren wollte, und die damit verbundene Qualität der Energie, die gerade zu diesem Zeitpunkt herrschte. Alles, wirklich alles wurde besprochen und festgelegt. Sogar welche Sehnsucht mich antreiben würde, aus diesem "angeborenen" Mangel wieder herauszufinden.

Je mehr ich dort lernte, was ich mir ausgesucht hatte, desto mehr begriff ich, dass ich das nicht nur für mich tat, sondern ich tat es für all die Seelen, die in dieser Kugel waren. Ich begriff, dass es um die Entwicklung des Bewusstseins ging. Um nichts anderes. Ich begriff, dass ich eigentlich untrennbar mit all diesen Seelen verbunden war, die sich mir da zeigten. Und es waren viele, ich kann bis heute nicht schätzen, wie viele. Ich weiß nur, dass es weit über tausend gewesen sein mussten. Zum Schluss erfuhr ich noch, dass ich die Entscheidung immer selbst in der Hand habe, in welche Richtung ich gehen werde. Das musste dann wohl der freie Wille sein. Ich hielt mich lange dort auf und erfuhr viele Dinge über die Zusammenhänge meines Lebens. Ich hatte ein Aha-Erlebnis nach dem anderen. Klar, so war das gekommen, wie logisch ... Ich war beseelt, im wahrsten Sinne des Wortes.

Irgendwie hörte das Ganze dann aber urplötzlich auf, der Wecker klingelte auf meinem Nachttisch. Als ich aufwachte, bemerkte ich, dass ich im Grunde gar nicht geschlafen, sondern mich eher in einem Zustand von außerordentlicher Bewusstheit befunden hatte. Ich war schweißgebadet, als ob ich einen Marathonlauf hinter mir hätte, und mir liefen die Tränen in Sturzbächen die Wangen herunter. Ich war tief, tief berührt bis ins hinterste Eck meiner Seele. Ich brauchte Tage, um das Geträumte zu verarbeiten, und Jahre, um es als meine innere Wahrheit anzuerkennen.

Heute habe ich diesen Traum - oder besser diese Information - schon lange in mein Leben integriert. Ich handele danach. Ich habe dadurch begriffen, ja, tief verstanden, wer ich wirklich bin: ein unendlich großes, liebevolles und machtvolles Wesen, das unsterblich ist, unbegrenzt von Raum und Zeit und nur zu dem einen Zweck hierhergekommen ist, um sich seiner selbst bewusst zu werden. Zum Wohle des großen Ganzen, das uns miteinander verbindet. Für viele Menschen mag das eine Spinnerei sein und eine überschwängliche Fantasie (aber was ist denn Fantasie?). Für mich ist es das Bild, das ich benötigte, um zu begreifen, worum es in meinem jetzigen Leben geht. Ich bin felsenfest davon überzeugt, dass es nur eines von unendlich vielen Bildern und Möglichkeiten ist, die diesen Weg beschreiben, um den es anscheinend für uns geht. Jeder bekommt das Bild, das er am besten akzeptieren kann. Denn nur so kann man es auch zu seiner eigenen Wahrheit, seiner Realität machen.

Und genau dieser Traum hat mich dann auch zu dieser Arbeit gebracht, die ich heute mache. Ich erarbeite zusammen mit den Menschen deren eigene Geschichte. Ich setze mit ihnen ihr ureigenes Lebensmosaik zusammen, um dadurch klar und verständlich erkennen zu können, was ihr Weg ist. Ihr ureigener Weg. Ein Weg, der nur dazu dient, sich seiner selbst bewusst zu werden. Ein Weg zum eigenen Bewusstsein! Schön, oder?

Der eigentliche Paradigmenwechsel hat längst begonnen

Die Menschen, die bereits unterwegs sind zu mehr Bewusstheit, haben diesen Weg meist durch Lehrer, Religionen, Bücher oder Ähnliches erfahren. Viele bleiben dann an genau dieser Lehre oder dem Lehrer hängen, da sie meinen, dies sei ihr vorgezeichneter Weg. Ich bin da mal ganz keck und behaupte: So stimmt das nicht. Der einzige Mensch, der weiß, welcher Weg der Ihre ist, sind Sie selbst. Deshalb sind es eigentlich immer nur Hilfsmittel, die Ihnen da von anderen angeboten werden.

Gute Freunde von mir haben lange Jahre in Indien verbracht, um sich dort mit dem Studium des Sanskrits und der Meditation zu beschäftigen. Erst nach Jahren haben sie gemerkt, dass sie keinen Schritt näher an sich selbst rangekommen sind. Im Gegenteil, teilweise hat sie dieses Studium sogar weggebracht von dem eigentlichen Weg, den sie gesucht hatten. Wobei ich *für mich* die Beschäftigung mit der Meditation für eine wesentliche Grundvoraussetzung halte, um einen fokussierten Gedanken haben zu können. Allerdings habe ich meine Art zu meditieren entrümpelt von jeder Art der Religiosität. Ich meditiere einzig und allein zu dem einen Zweck, mich auf etwas zu fokussieren, das ich für mein Weiterkommen momentan benötige. Ich fokussiere auf den glücklichsten Anteil davon! Denn spüre ich in mir das Glück, die Liebe, dann strahle ich es auch nach außen ab. Ich habe eine ganz spezielle Meditation im Raum des Herzens für mich und viele andere kreiert, mit der man sogar die Schwingung auf dieser Welt erhöhen kann. Und somit tue ich tausendmal mehr für das Allgemeinwohl unseres Planeten, als wenn ich jahrelang etwas studieren würde, was seit einer Ewigkeit seine Gültigkeit verloren hat, da sich die Umstände so grundlegend verändert haben, dass es nicht mehr wirken kann.

Mein Ansatz ist ein tieferer und durchaus anderer, als der der meisten Suchenden. Ich beginne einzig und allein bei mir! Wenn Sie aufmerksam die Zitate und Weisheiten von besonders wichtigen Personen und weisen Menschen anschauen, dann wird eines klar: Sie alle sagen, dass alles in uns selbst zu finden ist und dass alles, was wir suchen, nur im Inneren seinen Ursprung hat. Es gibt so viele Aussagen in diese Richtung, dass man damit ganze Bücher füllen könnte. Aber haben wir zugehört oder es gar umgesetzt, was uns so viele Jahrhunderte schon vorgekaut wird? Nein, nicht wirklich. Die Zeit war noch nicht reif dafür. Es bedarf dazu eines Verständnisses und einer Bewusstheit, die gerade erst angefangen hat, in unsere Realität zu fließen.

Auch ich habe lange Zeit damit verbracht, mir die Wege einzuverleiben, die andere schon vor mir gegangen sind. Auch ich habe den Stimmen ganz großer Meister gelauscht und ihnen geglaubt, dass das, was sie mir vom Leben erzählten, das einzig Wahre ist - das, was meine Wahrheit somit auch ausmacht. Auch ich habe mich durch ziemlich viele Wege gekämpft, um zu ergründen, wer ich eigentlich bin. Aber im Endeffekt habe ich immer nur Teilstücke von mir gesammelt. Einzelne Steinchen, die ich aber niemals zusammenfügen wollte, es schien mir nicht wichtig.

Wie ich bereits erwähnt habe, haben sich viele Dinge in meinem Leben durch sogenannte Dramen entwickelt und manifestiert. Durch die tiefe Arbeit an mir bin ich im Laufe der vielen Jahre allerdings dahintergekommen, dass alles, was mir passiert ist, aufeinander aufbaute. Ja, sich sogar ständig zyklisch wiederholte. Im Grunde konnte ich, nach noch längerer Arbeit an mir, später feststellen, dass gerade die Erfahrungen, die ich für die fürchterlichsten in meinem Leben gehalten hatte, genau die Erfahrungen waren, die mich Quantensprünge nach vorne geschubst haben. Ich erkannte, wie sehr und vor allem wie lange ich an diesen Dramen festgehalten hatte und wie ich sie in mir wirken ließ. Als ich mir dann die Frage nach dem Warum stellte, fand ich nur eine Antwort: Sicherheit. Ich fühlte mich in meinen schlechten Gewohnheiten und negativen Erfahrungen einfach richtig zu Hause.

Ich stellte fest, dass es für fast alle Menschen sicherer erscheint, das ewig Schmerzende zu wiederholen, als den einen (!) Schritt in den unbekannten Raum des Gutfühlens, des Glücks zu machen. Es grenzt an ein Suchtverhalten, sich stetig im Alten zu verkrampfen und das meist sehr Belastende festzuhalten, wo doch nur ein neuer Gedanke zugelassen werden müsste, um Veränderung herbeiführen. Zulassen! Denken kann man schnell einmal einen anderen Gedanken, aber zulassen kann man ihn erst dann, wenn man die wahrhaftige Bereitschaft dazu mitbringt, etwas Neues in sein Leben zu integrieren.

Kennen Sie das? Ich bin mir sicher, dass Sie das tun. Wie kommt es, dass wir uns nicht trauen, wirklich Neues in uns locker und leicht zu empfinden und es dann auch noch wirklich in unser Leben einzubauen? Es ist die Gewohnheit, die ständige Wiederholung. Kinder, die oft angeschrien oder gar geschlagen werden, erwarten nach einiger Zeit einfach nichts anderes mehr. Sie haben gelernt, sich mit dieser Situation zu "arrangieren". Das heißt nicht, dass sie sich darin wohlfühlen, das heißt nur, dass sie daran gewöhnt sind und den Ablauf genau kennen. Was ich kenne, trägt eine gewisse Sicherheit in sich. Ein neuer Raum muss erst einmal ergründet werden, und es könnten doch ganz neue Gefahren dort auf mich lauern, die ich bis jetzt noch niemals gesehen, gefühlt oder erfahren habe. Also weiche ich mal lieber nicht allzu weit vom vertrauten Weg ab.

Wie klingt das für Sie? Abstoßend? Überprüfen Sie einfach einmal eines Ihrer immer wiederkehrenden Muster. Wie lange lassen Sie dies schon in sich zu? Wie oft im Leben hat Sie genau dieses Muster, diese Situation wieder eingeholt und in Ihnen gewirkt? Natürlich können wir hier nur von den bewussten Mustern sprechen. Aber wie, glauben Sie, wirken die unbewussten Dinge in Ihnen? Und seit welcher Zeitspanne?

Sehen Sie, genau diese Fragen habe ich mir immer und immer wieder gestellt. Ich habe mir ständig die Wirkungen angesehen, die ich durch meine Gedanken erzielt habe, und ich habe stetig versucht, das Dahinter zu begreifen. Deshalb bin ich zu einer außergewöhnlichen Haltung gekommen: Ich empfinde meine Dramen nicht mehr als etwas, das ich unbedingt aus meinem Dasein verabschieden sollte. Nein, ich empfinde meine Dramen als den wahrhaftigen Weg zu mir selbst. Das klingt bestimmt befremdlich für Sie, aber zum Glück stehe ich inzwischen nicht mehr ganz alleine da mit meinem Gefühl, mit meinen Erkenntnissen. Wissen Sie, es ist für mich wie mit einer wunderschönen Rose oder einer besonders schönen, schmackhaften Erdbeere. Wie sind diese Erdbeeren und diese Rose so geworden - und wodurch? Genau! Sie sind deshalb so prächtig, weil sie mit ganz viel Mist bestreut wurden. Und dieser Mist ist der Dünger für ihr Wachstum. Ohne Mist gäbe es bei weitem nicht so eine gute Ernte oder Pracht! Lassen Sie das mal in sich wirken ...

Ich glaube ganz fest daran, dass jede vermeintlich negative Erfahrung in meiner Geschichte auch die Sehnsucht nach dem Gegenteil in sich getragen hat. Deshalb durfte ich eine so tief fühlende und wahrnehmende Frau werden. Im Klartext heißt das: Weil ich so viele schlechte Erfahrungen, zum Beispiel mit Partnerschaften, gemacht habe, bin ich jetzt befähigt, endlich eine total glückliche zu leben - da immer, wenn ich so eine große, schmerzende Enttäuschung erlebt hatte, auch die brennende Sehnsucht nach genau dem Gegenteil in mir loderte und ich ihr automatisch versuchte zu folgen. Ja, ich verstand sogar, dass ich mir alles selbst in mein Leben gerufen hatte, um genau auf diesen Weg zu kommen.

In dem Moment, in dem ich das begriff, veränderte sich alles. Meine gesamten Konzepte brachen auseinander und fügten sich wie von Zauberhand zu gesunden und wohligen sowie völlig neuen Gedanken und Handlungen zusammen. Und als Erstes bekam ich sofort einmal Angst davor. Ist das nicht komisch, wie wir ticken? Zum Glück hatte ich damals genau die richtigen Menschen um mich versammelt, die mir halfen, die ersten wackeligen Schritte in den neuen Raum zu gehen. Und nach einer gewissen Zeit trat dann der gewünschte Gewohnheitseffekt auch hier ein. Welch unfassbares Glück konnte von nun an bei mir wirken! Ich bin noch heute zutiefst dankbar für diesen wunderbaren Weg der Erkenntnis. Er ist zu meinem ureigenen Weg geworden, und Selbstverantwortung, Glück und Liebe sind dessen Überschriften. Überschriften, die in mir wirken und die ich auch nach außen abstrahle.

In meinen Seminaren versuche ich, dieses Gefühl zu vermitteln, indem ich als Beispiel dastehe für diesen besonderen Weg. Ich versuche, mit all den Menschen zusammen mehr Bewusstheit in ihnen zu entwickeln, sie zu stärken und die Wahrnehmung auf das bisher Undenkbare zu lenken. Ich habe schon viele kleine und große Wunder miterleben dürfen und bin stetig aufs Neue berührt, welche Energien zu wirken anfangen, wenn man bereit ist, wegzugehen von dem bisherigen Schwarz-Weiß-Denken. Wenn man alles, was wir uns kreiert haben, als eines der größten Hilfsmittel erkennen kann und wenn wir Dankbarkeit für die daraus gewonnenen Erkenntnisse empfinden. Dann hat man ihn wirklich betreten: den Raum zum außergewöhnlichen Glück in uns. Da wir dadurch unabrückbar dem Pfad zur Selbstverantwortung und Selbsterkenntnis entgegengehen, kann man deutlich erkennen, was wirkt. Wir werden uns in dieser jetzigen Zeit immer mehr unserer selbst bewusst.

Immer mehr von Ihnen verstehen wirklich, was es heißt, dass Sie selbst der Schöpfer Ihrer eigenen Realität sind. Immer mehr arbeiten mit tieferen Bewusstseinsebenen, und damit erschaffen sie diese auch für all diejenigen, die noch schlafen. Das zieht die noch Schlafenden ganz langsam heraus aus ihrem dumpfen Dämmerzustand. Und eines wird dadurch immer klarer: Wir befinden uns schon mittendrin. Ab sofort brauchen Sie sich nie mehr zu fragen, was denn der viel zitierte Paradigmenwechsel eigentlich ist. Wir sind wirklich schon mittendrin. Denn wenn man lernt, die Erfahrungen, Handlungen und Muster aus dieser scheinbar neuen Perspektive zu betrachten, wird man automatisch den eigenen Paradigmenwechsel vollziehen. Sofort! Und der wird alles, aber auch alles in uns verändern.

Eine neue Dimension steht vor unserer Tür

Dieser persönliche Paradigmenwechsel bringt uns eine Dimension in unsere Realität, die schon lange in unseren Träumen, Fantasien und Glaubensrichtungen vorhanden war. Wir lernen jetzt, die Ebene der Seele und des Geistes als real in unser Leben hineinzunehmen. Ich sehe Sie lächeln ... Alles schon da, alles bereits geschehen? Sind Sie sicher? Betrachten Sie sich denn immer oder zumindest oft aus der eigenen Beobachterperspektive? Oder gehen Sie noch immer gern in uralte Schmerzen und Muster zurück und verharren darin? Wie viele Male lassen Sie die Angst den Regenten Ihrer Realität sein? Und haben Sie wirklich schon herausgefunden, was Ihre Seele, Ihr Ursprung eigentlich für eine Realität leben möchte? Ist Ihnen bei jedem Streit, bei jeder Schwierigkeit, bei jedem Widerstand, der Ihnen begegnet, bewusst, welche Schwingung da wirkt, und ist Ihnen vor allem überhaupt klar, wie und warum Sie dies angezogen haben? Lassen Sie sich leiten von dem, was Ihre innere Stimme Ihnen einflüstert, und können Sie dieser vertrauen?

Ich könnte auch hier unendlich vieles aufzählen, und es gibt bestimmt vieles darunter, das Sie eindeutig bejahen könnten, aber ich bin mir sicher, es gibt mindestens genauso viel, das Sie verneinen müssten. Auch hier gilt: Wir leben in der Theorie. Umgesetzt und erreicht haben diese Schwingungsebene nur die wenigsten von uns. Wer lebt schon im vollen Bewusstsein, ein wahrhaft machtvolles und göttliches Wesen zu sein? Wer glaubt wirklich daran, dass alles, was uns begegnet, nur zu einem Zweck in unserer Realität auftaucht: um uns unserer selbst bewusst zu werden? Und wer hat es tatsächlich verinnerlicht, dass wir unseren eigenen Lebensplan mitgebracht haben? Warum kann ich mit solch einer Bestimmtheit sagen, dass es noch nicht so viele sind, die dies wirklich leben? Die Antwort darauf lautet: Weil die Welt sich noch nicht grundlegend verändert hat! Wenn nämlich Bewusstheit über die eigene Existenz vorhanden wäre, würde dies deutlich spürbar werden für die Welt. Ganz langsam würden sich die Menschen nicht mehr beschuldigen, verurteilen und hassen. Glück und Liebe würden als Hauptenergien vorherrschen - ohne diesen kitschigen, esoterischen Beigeschmack von Heiligsein und "Wir-sind-doch-alle-so-lieb"! Nein, es wäre ein ganz natürlicher Zustand, eine alltägliche Schwingung, die immer mehr zum Tragen käme. Jeder Mensch wäre sich seiner Aufgaben und seines Weges, zumindest in den Ansätzen, bewusst, und es gäbe auf jeden Fall viel mehr Achtsamkeit unter uns Erdenbürgern. Wir würden nicht mehr so stark die Angst in den Vordergrund stellen bei all den Dingen, die wir zu tun gedenken, sondern würden mehr aus dem Herzen heraus handeln. Das ist übrigens die Essenz: die Angst überwinden, da sie die mächtigste Energie ist, die uns von unserer Liebe trennt.

Wenn wir lernen, die Dimension der Seele, des Universellen, der Quelle als wirklich real in unser Leben zu integrieren, dann haben wir ihn gemacht, den Paradigmenwechsel. Wir haben eine neue Dimension dazugewonnen in unserer Realität. Je mehr Menschen das wahrhaftig tun, desto schneller verbreitet sich dieses Wissen, diese Wahrheit, diese Schwingung auf unserem Planeten und im gesamten Universum. Es wird dann unglaublich schnell zu neuen Denkweisen und Ausrichtungen kommen, da wir besser verbunden sind mit der universellen Intelligenz. Das, was wir bisher für unbedingt erforderlich gehalten haben, kann sich endlich verabschieden und Neues, bisher nie Gedachtes darf seinen Platz einnehmen. Es wird zu völlig neuen Lösungsansätzen kommen, und uns wird bewusst werden, wodurch die alten Ansätze so lange gehalten wurden und wirken konnten. Wir haben endlich wirklich gelernt, dass wir nicht nur dieser Körper sind, sondern dass unser Ursprung, unsere Seele ein genauso realer Anteil ist wie unser viel beschworener Verstand.

"Gerne", werden Sie jetzt sagen, "nehme ich diese Dimension dazu. Aber wie kann ich das machen? Gibt es einen Knopf, auf den man drückt, um diese Ebene dazuzuschalten?" Ja, es gibt viele Knöpfe! Aber mir ist natürlich nicht bekannt, welcher Knopf bei Ihnen am stärksten wirkt. Das können Sie nur selbst herausfinden! Wenn Sie möchten, kann ich Ihnen aber einen Weg dorthin aufzeigen. Mittlerweile kenne ich meine eigenen Knöpfe sehr gut, sie helfen mir, mich in meiner Gesamtheit zu erfahren. Und meine Gesamtheit besteht aus Körper und Geist und Seele. Ich nenne diesen Weg das "Lebensmosaik", und genau das möchte ich Ihnen jetzt ein wenig näherbringen, damit Sie es bei dem Schritt in die neue Dimension etwas leichter haben als so manch anderer. Denn alles, was schon gelernt wurde, ist für die nachfolgenden Personen schneller und tiefer zu erfassen.

Alles, was wir benötigen, ist eine völlig neue Blickweise auf unser Dasein. Wir sollten beginnen, uns aus einer anderen Perspektive zu betrachten und zu begreifen: aus der Perspektive der Selbstverantwortung.

Dazu ist es unbedingt notwendig, unsere eigene Geschichte noch einmal zu betrachten und unsere Ursprungsfamilie aus diesem neuen Blickwinkel zu ergründen. Und da wir eine neue Dimension mit hinzugefügt haben, werden wir auf einmal so viel mehr über uns erfassen, dass wir am Ende zu einem völlig neuen

Bild von uns selbst gekommen sein werden. Um diesen Weg zu gehen, erfordert es Mut und immer wieder die Bereitschaft, auch seine eigenen Widerstände zu überwinden. Und Übung, viel Übung. Denn um aus seiner Reaktion auf alte Muster wirklich herauszukommen, muss man schon deutlich hinschauen wollen. Dies ist allerdings erst dann möglich, wenn man das schon einige Male erfahren hat - das hilft ungemein, auch wenn dies alles ein wenig mühsam und schwer klingt. Ich kann Ihnen nur sagen, dass es sich sehr lohnt, es zu tun. Erstens werden Sie quasi zu den Pionieren der neuen Bewusstseinsebene gehören und damit auch zu den Menschen, die ganz viel dazu beitragen, unsere wunderbare Welt zu bewahren, und zweitens werden Sie einen Quantensprung nach vorne gemacht haben in Ihrer eigenen Bewusstheit. Komplett andere Betrachtungsweisen und Lösungen werden Einzug halten in Ihr Leben. Ja, dafür lohnt es sich auf jeden Fall.

Ich habe in meinem Leben immer alles durch meine Partnerschaften und Beziehungen gelernt. Das brachte mich so manches Mal direkt an den Abgrund ... und mehr als einmal darüber hinaus. Heute, nachdem ich die Selbstverantwortung wieder übernommen habe, lebe ich ein - vorher nicht mal in Ansätzen denkbares - anderes Leben. Ich bin immer wieder selbst überrascht, was sich alles geändert hat. Es hat sich Grundlegendes verändert in mir und damit um mich herum. Alles erscheint mir leichter und fließender als vorher. Mein ganzes Leben hat sich durch die neue Betrachtungsweise zum Positiven gewandelt, und ich bin fähig, alles tiefer zu fühlen und zu erfassen. Im Grunde ist das wie ein Wunder, und dieses Wunder trägt jeder in sich! Und es ist es wirklich wert, erfahren zu werden!

Was wirkt wie in mir?

Ich habe zur Unterstützung dieser neuen Gedanken einen ganzen Seminarzyklus erarbeitet, in dem man die "Steinchen" sammeln kann, die man bisher so emsig in die Welt gestreut hat. Das Ganze habe ich "Lebensmosaik" genannt. Um zu sehen, ob man überhaupt mit dieser "Arbeit" klarkommt, habe ich ein Einstiegsseminar konzipiert, das ich "Was wirkt wie in mir?" nenne, das unter anderem auch auf Körperarbeit basiert. Denn ich habe die Erfahrung gemacht, dass jede Art von Körpertherapie und Körperarbeit meist viel tiefer geht als zum Beispiel eine reine Gesprächstherapie. Der Körper lügt nicht, aber der Verstand kann einem lange etwas vorgaukeln und man kann unendlich viel Zeit damit verschwenden, ohne zu einem Ergebnis zu gelangen.

Nicht jeder Mensch mag wirklich in solch eine Tiefe abtauchen, wie wir sie mit dem Lebensmosaik erreichen, und nicht wenige haben regelrecht Angst davor. Wobei ich mich dann immer wieder frage, welche Angst da am meisten getriggert wird ... Durch stetiges Hinterfragen bei meinen Seminarteilnehmern bin ich zu dem Schluss gekommen, dass die meisten wirkliche Veränderungen in ihrem Leben fürchten. Sie denken, es sei besser, nicht am Status quo zu rühren und weiterzumachen wie bisher. Das ist es, was ich bereits schon einmal betont habe: Die Gewohnheit birgt auch die scheinbare Sicherheit in sich – aber eben nur die scheinbare. Man wird immer wieder dahin gebracht werden, wo es etwas zu lernen, zu erfahren und zu begreifen gibt. Es ist immer besser, dies auf der bewussten Ebene zu tun, sonst holt es einen auf der unbewussten ein - und dann sogar noch verstärkt.

Aber es stimmt: Um Grundlegendes in sich zu verändern, braucht es Mut. Diesen möchte ich in meiner Arbeit ganz besonders fördern durch stetige Unterstützung untereinander. Mein Traum ist es, ein großes Netzwerk von Menschen zu weben, die auf dem Weg zur Bewusstwerdung sind. Und da es so viele Wege gibt wie Menschen auf unserem schönen Planeten, wird das ein besonders buntes, fröhliches und vielschichtiges Netzwerk, in dem wirklich jeder das finden wird, was ihn in seiner eigenen Entfaltung unterstützt. Die Anfänge sind gemacht, und ich bin gespannt, was sich daraus noch alles entwickeln wird.

Die Essenz des "Was wirkt wie in mir?" ist die Verbindung von Körperebene und Seelenebene (ich möchte hier einmal betonen, dass ich es Seelenebene nenne, weil mir dieser Begriff sympathisch erscheint. Man könnte es aber zum Beispiel auch den Kern, die Quelle oder das "Ich bin" nennen. Suchen Sie sich etwas aus, das zu Ihnen passt). Hier wird uns klar vor Augen geführt, dass, wenn man eine körperliche Verletzung hat, auch die Seele (der Kern, die Quelle ...) verletzt ist. Oder umgekehrt: Ist die Seele verletzt, kommt es früher oder später zu einer körperlichen Belastung. Auch hier gilt: die Zusammenhänge erkennen lernen. Alles, was wir erfahren, hat eine tiefe Bedeutung für unser Leben, und alles steht miteinander in Verbindung.

In allen großen Weisheitslehren, Therapien und Religionen findet man eines: die Meditation. Ich halte sie für eines der wichtigsten Hilfsmittel, die wir benötigen. Nur durch das Leisewerden und das In-sich-Hineinlauschen sind wir später fähig, die innere Stimme zu hören. Hierbei lerne ich auch, mich auf einen ganz bestimmten Gedanken oder ein bestimmtes Gefühl zu fokussieren und dadurch dieses Gefühl auch zu verstärken. Aber keine Angst, es geht hier nicht um stundenlanges Stillsitzen im Lotossitz. Es gibt viele Meditationen, die im Gehen oder sogar im Tanzen machbar sind. Sie ist quasi das Kabel, das einen mit seiner Seele - der Quelle, dem Ursprung - verbindet und ihr eine Stimme verleiht. Also lauschen Sie sorgfältig auf das, was sich da aus Ihrem Inneren meldet. Es ist Ihr Zugang zur Heilung, zum Glück und ganz gewiss auch zu Ihrer Liebe. Ich gebe immer den Rat, sich viele, möglichst verschiedene Formen der Meditation anzusehen, um seinen eigenen Stil zu finden. Wir erinnern uns: Es geht einzig und allein nur um was? Ja, sehr gut: um Sie selbst!

Benutzen Sie auch Ihre Kreativität, um tiefer mit sich in Berührung zu kommen. Malen Sie! Aber natürlich wird hier nicht irgendetwas gemalt, sondern ein lebensgroßes Körperbild. Ein Bild, in das wir alle unsere äußerlichen Verletzungen und Gebrechen hineinmalen und uns diese so einmal genau vor Augen halten. Hierfür legen Sie sich auf ein sehr großes Blatt Papier und lassen sich von einer anderen Person abmalen. Einfach den Körper umranden lassen, so gut es geht. Mit der Farbe Ihrer Wahl. Dann gehen Sie strukturiert durch Ihr gesamtes Leben, von der frühesten Erinnerung, die Sie haben, bis heute. Malen Sie alle Unfälle, Krankheiten, seelischen Tiefphasen und Ereignisse, die Sie für wichtig halten, in Ihr Bild hinein. Schauen Sie, wo dieses Ereignis, diese Krankheit ihren Platz in Ihrem Körper hat und wie das aussieht für Sie. Lassen Sie sich auch hier wieder viel Zeit für diese Arbeit. Lassen Sie sich vor allem von Ihrer Fantasie, Ihrer Kreativität leiten. Später malen wir noch alle Emotionen in das Bild, die uns im Laufe unseres Lebens begegnet sind. Vergessen Sie bitte auf keinen Fall die sogenannten negativen Gefühle. Rufen Sie sich alle Wutausbrüche, Liebesgefühle, Angstzustände und Geborgenheitsgefühle und, und, und ... noch einmal in Erinnerung, und malen Sie sie in Ihr Bild - dorthin, wo Sie glauben, dass sie "zu Hause" sind. Das kleine Kind hat andere Gefühle als ein reifer Erwachsener. Sie werden beim Malen aber feststellen, dass die Unterschiede gar nicht so groß sind, sondern dass sie sich nur durch die Intensität unterscheiden. Versuchen Sie wirklich, gedanklich durch Ihr gesamtes Leben zu gehen. Erinnern Sie sich an die vielen Begegnungen mit den unterschiedlichsten Menschen. Seien Sie so konkret wie möglich! Wer sich dann am Ende vor sein Bild stellt, kann meist ganz gut erkennen, was im Zusammenhang miteinander wirkt. Sie werden es erleben.

Es kann bereits schon ganz am Anfang dieser Malerei zu einer großen Erkenntnis kommen.

Einmal hatte ich einen jungen Mann namens Paul (Name geändert) in meinem Kurs, der sich als Farbe für die Umrandung seines Körpers ein helles Gelb ausgesucht hatte. Er legte sich hin und ließ sich von einem anderen Teilnehmer in der von ihm ausgesuchten Farbe "abmalen". Als er dann wieder vor seinem Bild stand, nahm er sofort wahr, dass er kaum zu erkennen war. Wenn man sich nur einen Schritt von dem Bild entfernte, konnte man das Gelb kaum noch ausmachen. Später erzählte er, dass dies genau die Situation war, unter der er litt, aber er hatte es noch nie so bewusst vor Augen geführt bekommen. Er wurde von seiner Umwelt einfach nicht richtig wahrgenommen, er war gar nicht richtig vorhanden.

Am Ende des Seminars hatte Paul noch ein tiefes Erlebnis. Die Teilnehmer waren alle in die Natur gegangen, um dort Zusammenhänge und Antworten auf die Fragen zu finden, die im Laufe des Wochenendes entstanden waren. Jeder sollte einen Kraftgegenstand für sich mitbringen, der ihn wieder an das erinnerte, was er im Seminar gelernt hatte. Paul kam mit einer armlangen Wurzel zurück und erzählte folgende Geschichte dazu: Er hatte einen besonders steilen (!) Weg eingeschlagen, um seine Antworten zu bekommen. Er kletterte am Rand eines kleinen aber schwierigen Geländes einem Bachlauf entlang, als er plötzlich ausrutschte und fast in den kalten Bach fiel. Nur eine instinktive Bewegung rettete ihn vor der nassen Erfahrung, was bestimmt unangenehm geworden wäre, da es Februar war und damit nass und eisig. Er griff wie von selbst zu einer hervorstehenden Wurzel, die ihn sofort auffing und dafür sorgte, dass er wieder nach oben klettern konnte. Kurz bevor er den Rand erreichte, brach die Wurzel ab und er hielt diese nun in seiner Hand. Paul beschloss, diese Wurzel mitzunehmen als seinen Kraftgegenstand. Er war diesem Stück Holz sehr dankbar, dass es ihn davor bewahrt hatte, in eine unangenehme Situation zu kommen. Erst beim Vorstellen und Besprechen in der Gruppe wurde ihm die Bedeutung dieses unscheinbaren Astes vollends bewusst. Er war schon lange nicht mehr verbunden mit seinen eigenen Wurzeln! Später machte er sich daran, diese Wurzeln in sein Körperbild einzumalen, die jetzt aus seinen Füßen sprossen. Und weil er einmal dabei war, ließ er dann auch gleich das Braun des Holzes in das Gelb seines Körpers hineinfließen. Auf diese Art wurde die Körperform viel besser sichtbar. Das Ganze mag jetzt für Unbeteiligte wie eine Spielerei und sogar etwas einfach oder kindlich wirken, aber alle Teilnehmer des Kurses konnten deutlich spüren, was hier stattgefunden hatte. Paul war sich bewusst geworden, dass seine Wurzeln unsagbar wichtig waren in seinem Leben.

Bei diesem "Was wirkt wie in mir?" lasse ich auch die Arbeit mit dem Zellbewusstsein mit einfließen. Jede unserer aberbillionenfach vorhandenen Körperzellen hat ein eigenes Bewusstsein, und in diesem Bewusstsein ist alles gespeichert, was mit der Zelle im Zusammenhang steht. Jeder Schmerz, jede Erfahrung, jede Lösung dafür. Es ist wie ein hauseigener Mikrokosmos unseres gesamten Körpers. Und mit diesem Bewusstsein kann man sich beschäftigen, es jederzeit abrufen und, was noch wichtiger ist, man kann es beeinflussen. Zu unserem Wohl. Der wunderbare Dr. Shioya hat ein großartiges Buch darüber geschrieben, wie man die eigenen Zellen dazu bringen kann, heil zu werden oder sich sogar zu verjüngen. Und dieser Dr. Shioya wusste, wovon er schrieb, er ist fast hundertsechs Jahre alt geworden und war dabei noch geistig und auch körperlich total fit. Ich berufe mich aber auch auf das neue Wissen der Epigenetiker, die die Zellen erforschen und zu schier unglaublichen Erkenntnissen gekommen sind. Auf die Gefahr hin, dass ich mich wiederhole, sei hier Bruce Lipton besonders erwähnt mit seinem Buch *Intelligente Zellen*. Wir müssen keineswegs studiert haben, um das Zellbewusstsein zu verstehen, wir müssen nur damit in Verbindung treten. Dann kommt das Verstehen automatisch hinzu. Mithilfe von Trance und einer Meditation können Sie das Zellbewusstsein hervorrufen und es nutzen. Wieder ein Handwerkszeug mehr!

Damit wir begreifen, dass es außerordentlich viele Möglichkeiten gibt, im Leben zu einer bestimmten Lösung zu kommen, habe ich eine innere Welt kreiert, die quasi die Lieblingsmeditation meiner Seminarteilnehmer geworden ist. Es ist der "Raum der Möglichkeiten", den ich Ihnen im Anhang detailliert vorstelle. Hier in diesem besonderen Raum, den alle ohne Ausnahme in sich tragen, kann man jede Antwort, jede Lösung, jeden ersten Schritt zur Heilung machen, den man sich nur vorstellen kann. Eigentlich ist es eine besonders einfache Methode, um mit seinem Inneren in Kontakt zu treten.

Einmal hatte eine Teilnehmerin mit Namen Brigitte ein besonders erstaunliches Erlebnis. Das ganze Seminar hindurch litt sie unter kleinen asthmatischen Anfällen, die sie im "wirklichen" Leben schon überwunden glaubte. Doch in diesem Seminar kam sie plötzlich wieder in Berührung damit. Sie machte sich etwas Sorgen, dass diese Anfälle stärker werden könnten, und war dadurch ziemlich beunruhigt. Im "Raum der Möglichkeiten" hatte sie zum Abschluss spontan die Idee, die Tür zum Asthma einfach zu schließen. Also ging sie gedanklich dorthin und ließ die offene Tür ordentlich ins Schloss krachen. Und siehe da: Schlagartig konnte sie wieder tief und unbehindert durchatmen, und sie hat bis zum heutigen Tag nie mehr mit ihrem Asthma zu tun gehabt. Wie einfach es doch sein kann, wenn man sich seiner inneren Räume bewusst ist - und vor allem, wenn man an sie glaubt und dem traut, was sie für einen bereithalten.

Eine andere Frau ist schon mit der Vorgabe zu mir gekommen, im "Raum der Möglichkeiten" Ausschau nach einem neuen Partner zu halten. Sie lebte gerade in einer sehr frischen Trennungsphase und wollte einfach nur einen neuen, liebevollen Mann finden. Beim Gesprächskreis nach der Meditation erzählte sie uns völlig empört, dass sie gar nicht durch die von ihr geschaffene Tür "zur neuen Liebe" hindurchgehen konnte, da aus einem für sie nicht erfindlichen Grund plötzlich ihr Ehemann in ihren Räumen stand und sie daran hinderte, die Tür zu durchschreiten. Ihr wurde erst durch die völlig überraschte Reaktion der anderen Teilnehmer bewusst, was diese Bilder ihr mitteilen wollten. Anscheinend brauchte ihr tiefstes Inneres noch mehr Klärung mit ihrem Mann, als sie selbst bereit war, sich einzugestehen. Das ist auch meine Erfahrung: Erst wenn man das Alte wirklich beendet hat, hat man genug Platz, um etwas Neues in sich aufzunehmen.

Ich finde es auch immer wieder interessant, welche verschiedenen Ebenen dieser "Raum der Möglichkeiten" bei einigen Menschen haben kann. Eine liebe Freundin von mir hat zum Beispiel enorm viele Ebenen, oberhalb und unterhalb des normalen Raumes. Für mich heißt das, dass sie genau zu diesen Ebenen schon Zutritt haben kann. Sie ist einer der Menschen in meiner Umgebung, die schon sehr viel von sich erforscht und hinterfragt haben, und das scheint sich auch auf die Vielfalt des Raumes auszuwirken. Ein anderer Teilnehmer hatte ganze Landschaften als "Raum der Möglichkeiten" in sich. Auch hier nehme ich an, dass es sich um eine Person mit vielen Erfahrungen handelt. Manche Menschen stehen dagegen vor einem tiefschwarzen Raum, wenn sie eine der Türen öffnen. Meist löst das im ersten Moment Angst aus, und nicht wenige drehen dann um und schließen diese Tür wieder. Durch die Beschäftigung mit der besonders schönen Arbeit von Brandon Bays wurde ich für solcherlei Fälle zu einer erstaunlichen Lösung geführt. Sie beschreibt, dass auch in ihrer Arbeit diese Schwärze manchmal auftaucht, und dann empfiehlt sie dem Klienten, sich einfach in genau diese Schwärze fallen zu lassen. Sie sei nur der "Schleier" über der wirklichen Quelle. Ich stellte fest, dass dem so war, da ich daraufhin ständig die Rückmeldung bekam, wie schnell diese Teilnehmer an das Wahrhaftigste in sich gekommen seien, nachdem sie sich getraut hatten, diesen Schleier zu durchbrechen. Da sieht man mal wieder: Verbindet man all seine Erfahrungen mit den Erfahrungen anderer, kann man wunderschöne Ergebnisse erzielen. Danke Brandon!

Ich selbst reise viel und gern in meinen "Raum der Möglichkeiten", am liebsten wenn ich nicht so recht weiterweiß oder vor einem scheinbar unlösbaren Problem stehe. Ich bin bis zum heutigen Tag noch nie ohne eine Lösung oder eine neue Erkenntnis geblieben, die mich so manches Mal zu einem erstaunten Aha-Erlebnis führte. Diese Meditation stellt eine wunderbar einfache und doch so effiziente Chance dar, mit seinem Innersten in Kontakt zu kommen. Probieren Sie es einfach einmal aus, Sie werden erstaunt sein, was Ihr Innerstes Ihnen mitzuteilen hat!

Elternenergie – Familienenergie

Im Folgenden müssen Sie sich dann eigentlich "nur" noch mit den Steinchen, mit den Erfahrungen beschäftigen, die Sie bis zum heutigen Tag gesammelt haben. Mit Ihrer ureigenen Lebensgeschichte. Unsere Lebensgeschichte stellt eine vielschichtige und umfassende Ausbildung für uns dar. Deswegen sind wir auf diese schöne Welt gekommen! In dem Moment, in dem uns das bewusst wird und wir es wahrhaft erfassen, sind wir angekommen im Verstehen und im Erkennen der Zusammenhänge all dessen, was uns bis jetzt begegnet ist in unserem Leben. Dann sind wir plötzlich fähig zu sehen, warum alles so kam - und dass es genau so richtig war. Wir sind angekommen in der Selbstverantwortung für unser eigenes Leben. Wir sind dort, wohin unsere Seele, unser Ursprung, uns geführt hat, und wir wissen, dass nichts in unserem Leben sinnlos geschehen ist. Alle Antworten auf alle Fragen tragen wir immer in uns, dies ist die größte Erkenntnis, die wir haben können.

Deshalb können wir nur einzig und allein bei uns selbst beginnen. Alles andere wäre ein Abdriften von unserer ursprünglichen Aufgabe. Betrachten wir uns einmal, als wären wir ein Schauspieler in einem vorgegebenen Stück und gleichzeitig dessen Regisseur.

Erinnern Sie sich an meinen Traum, den ich am Anfang des zweiten Teiles beschrieben habe? In diesem Traum plante ich alles, was mir in diesem Leben begegnen sollte, akribisch und im Voraus.

Ich suchte mir jede Seele aus, die mit mir dieses Leben teilen und mich begleiten sollte. Jede Seele, die mir einen wichtigen Schritt vermittelte, durch den ich zu mehr Bewusstheit gelangen konnte. Es ist, als ob man das Drehbuch für sich selbst geschrieben hätte und dann das Casting für die zu vergebenden Haupt- und Nebenrollen machen würde. Manche dieser Seelenschauspieler übernehmen einen "guten" Part, manche einen "schlechten" - immer aber den, der der Geschichte dienlich ist. Ihrer ureigenen Geschichte.

Betrachten Sie einmal Ihre Ursprungsfamilie aus dieser Sicht: als Seelen, die Ihnen behilflich sein werden, das Leben so zu leben, wie Sie es eben gerade tun. Sie helfen Ihnen dabei, aus dem von Ihnen angetroffenen Mangel die Fülle zu machen. Was ist dann plötzlich mit der Schuld des "bösen" Vaters oder der der "lieblosen" Mutter? Was wird dann aus all den Schicksalsschlägen, die Ihnen begegnet sind? Sind das dann immer noch alles Zufälle, oder können Sie nun langsam den Sinn hinter dem Satz erkennen "Du bist der Schöpfer deiner eigenen Realität"? Und das erkennen Sie nur, weil Sie die Perspektive gewechselt haben und sich dieselbe Situation von einer anderen Warte aus betrachten. Wenn das, was hier steht, jetzt bei Ihnen auf große Zustimmung trifft, dann sind Sie bereit, ab sofort die Verantwortung für Ihr eigenes Handeln und Leben zu übernehmen. Ich gratuliere!

Ich lade Sie ein, einmal in diesen besonderen Raum zu reisen, in den Raum, in dem man allen beteiligten Seelen begegnet - in den Planungsraum Ihres jetzigen Lebens. Hierzu können Sie einfach einen großen Kreis aus Kissen formen oder mit einer festen Schnur oder Tüchern eben diesen Raum am Boden eines Zimmers "bauen". Dann betreten Sie ganz bewusst den von Ihnen gebildeten Raum. Sie werden erstaunt sein, welche Energie Ihnen dort entgegenkommt! Natürlich können Sie auch wieder wie in der beschriebenen Meditation den "Raum der Möglichkeiten" betreten, der auch die Tür mit der Aufschrift "Lebensplanung" in sich birgt.

Was würde Ihnen dort begegnen, wenn Sie die "Rollen" verteilen könnten? Welche Rolle haben Sie Ihrer Mutter zugedacht, und welche Eigenschaft müsste sie für diese Rolle unbedingt in sich ausgeprägt haben? Wie sieht es mit Ihrem Vater aus? Nehmen Sie sich pro Reise möglichst immer nur eine Person/Seele vor, damit die Flut an Informationen zu diesem Thema nicht verpufft. Schreiben Sie später die Rollenbeschreibung - zum Beispiel die Ihrer Mutter - auf. Wie müsste der "Schauspieler" agieren, um genau das Bild entstehen zu lassen, das erwünscht oder - besser noch - in der Realität vorhanden ist? Welche Art von Mangel kann diese Seele mit welchen Mitteln in Ihnen hervorrufen, um Sie genau auf Ihren Weg zu bringen? Können Sie erkennen, dass diese "Rollen", diese teilweise furchtbaren Charaktere, Sie auf Ihren ureigenen Weg gebracht haben? Dass Sie immer versucht haben, aus diesen Mängeln auszubrechen und das Gegenteil zu suchen? Schauen Sie es sich einmal mit dieser spielerischen Sicht an ... Warum mussten Ihre engsten Bezugspersonen genau so agieren, wie sie es in Ihrem Leben taten? Hatte das Ganze wirklich keinen Sinn, war alles nur ein Zufall? Ich *für mich* glaube das nicht!

Also malen Sie sich die Rollen Ihrer Ursprungsfamilie einfach einmal so bunt und vielfältig aus wie möglich. Egal, ob es der Part des großen Ekels oder der Part des helfenden Engels ist. Erkennen Sie, dass alles so richtig war, wie es geschehen ist, nichts war wirklich sinnlos! Nehmen Sie mutig die Perspektive des Regisseurs und Autors ein ... von Ihrem eigenen Lebensdrehbuch. Sie werden sicher völlig Neues entdecken - und wichtiger noch: endlich die Verantwortung für sich selbst übernehmen. Und damit sind Sie Ihrem Lebensziel schon einen riesigen Schritt nähergekommen: der Bewusstwerdung. Sie sind sich Ihrer selbst bewusster geworden. Das Ausmalen der Rollen ist ein erstaunliches Werkzeug, glauben Sie mir!

Sandra, eine der Teilnehmerinnen meiner Seminare mit besonders schweren und dunklen Lebenserfahrungen, lehnte diese

Arbeit zu Beginn erst einmal strikt ab. “Ich bin nicht gewillt, dafür nun auch noch die Verantwortung zu übernehmen. Das soll mein Vater, der kranke Alkoholiker, mal schön selbst tun.” Sie war außer sich, was sehr gut zu verstehen war für alle Beteiligten. Wir ließen sie in ihrem Widerstand und gaben ihr den Rat, einfach auf der spielerischen Ebene mitzumachen und genau so weit zu gehen, wie es für sie möglich war. Das tat sie dann auch. Später erzählte sie, dass sie das Ganze wirklich wie ein professioneller Drehbuchautor betrachtet hatte und sehr tief und konzentriert die Rolle des Vaters erschuf. Sie stellte uns ihren Vater als perfekten Alkoholiker mit all seinen grausamen und fürchterlichen Anteilen vor, der er im “wahren” Leben auch war. Einer, der den Mangel an Liebe, Urvertrauen und Sicherheit in ihrem Leben auslöste. Sie konnte all seine Facetten ausführlich beschreiben, und man merkte ihr die Verletzungen deutlich an, die dadurch entstanden waren.

Während sie die Rolle des Vaters der Gruppe so ausführlich vorstellte, erkannte sie mit einem Mal, wie anders sie im Gegensatz zu ihrem Vater lebte. Sie erkannte auch, dass sie viel Energie darauf verwendet hatte, nicht genauso zu werden wie ihr Vater. Die längste Zeit ihres Lebens verbrachte sie damit, nach Liebe, Vertrauen und sozialer Sicherheit zu suchen - und sie auch zu finden. Dieser alkoholkranke Vater brachte sie unbewusst dazu, Sozialpädagogik zu studieren und sich später um Jugendliche zu kümmern, die aus ähnlich zerrütteten Verhältnissen kamen. Sandra erzählte, wie erfolgreich sie geworden war in dem, was sie tat. Sie entwickelte Präventionsseminare für Erzieher und Lehrer, um Kinder und Jugendliche schon ganz früh darin zu unterstützen, selbstbewusst und ungefährdet von ihrer eigenen Geschichte zu erkennen, wie stark sie im Grunde waren und wie sie ihr Leben trotz der schlechten Umstände gut bewältigen konnten. Gerade war sie dabei, ein Fachbuch über diese Seminare zu schreiben. Ihr Job und ihr eigenes Umfeld gaben ihr alles, was sie bei ihrem Vater so schmerzlich hatte vermissen müssen. Mehr noch, sie trug es hinaus in die Welt, um anderen behilflich zu sein auf ihrem schweren Weg.

Als Sandra der Gruppe dies alles erzählte, fiel es ihr wie Schuppen von den Augen. Sie hatte es geschafft, den Mangel in die Fülle umzuwandeln. Zum wirklich ersten Mal konnte sie ihrem Vater gegenüber so etwas wie Dankbarkeit empfinden, und sie verstand sogar, warum er so war, wie er war. Sie konnte die Zusammenhänge sehen zwischen dem Mangel, den ihr Vater in ihrem Leben hervorgerufen hatte, und dem Weg, den sie schließlich dadurch (!) gegangen war. Im Laufe des Seminars konnte sie ihrer Ursprungsfamilie vergeben und schließlich Dankbarkeit ausdrücken für alles, was sie erfahren durfte. Aber die Geschichte endete hier noch nicht. Einige Monate später erhielt ich von Sandra einen sehr langen, gefühlvollen Brief, den ich hier mit ihrer Erlaubnis in Auszügen veröffentlichen möchte:

> "(...) *Durch das Seminar lernte ich, alles mit ganz anderen Augen zu betrachten und meinem Vater und meiner Mutter endlich zu verzeihen. Weil beide schon lange gestorben waren, konnte ich nur noch an ihrem Grab meinen Dank ausdrücken. Und dort geschah etwas Erstaunliches: Mir wurden, wie in einem inneren Film, die Zusammenhänge noch einmal vor Augen geführt, die uns alle so verletzt hatten und die uns in diese Art des Lebens brachten. Mit einem Mal tauchte in meinem Film auch mein Mann auf, der wie mein Vater dem Alkohol verfallen war. Er hatte so lange versucht, von dieser Sucht loszulassen - ohne großen Erfolg. Mittlerweile war unsere Ehe dadurch schon sehr zerrüttet, und eine Trennung schien unvermeidlich. Mein inneres Kino zeigte mir, dass ich meinen Ehemann dafür benutzte, nicht wirklich in die Liebe und in mein Urvertrauen zu gelangen. Ich kann nicht einmal erklären, wie ich das*

wahrnahm, nur dass ich plötzlich verstand, wie die Dinge zusammenhingen. Aufgeregt lief ich nach Hause und erzählte die Geschichte meinem total überraschten Mann. Als ich fertig war, fing er bitterlich an zu weinen und nahm mich in den Arm. Es war, als ob eine enorme Last von ihm abfiel, ich erklärte ihm, dass ich ihn noch immer liebe und dass ich beschlossen habe, ihn ab sofort aus dieser Rolle des Alkoholikers, also aus der Rolle des Ersatzvaters, zu entlassen. Ich wollte ab jetzt selbst die Verantwortung für all die Lieblosigkeit und das mangelnde Vertrauen in mir übernehmen. Und liebe Saskia, du wirst es nicht glauben, das allergrößte Wunder war, dass mein Mann ab sofort ohne jede fremde Hilfe nicht mehr getrunken hat. Bis heute! Wir sind jetzt wieder ein glückliches Paar und haben einen völligen Neustart gemacht ..."

Hier wirkt das Wunder, das entsteht, wenn man die volle Verantwortung für sein Leben übernommen hat. Wenn man das Spiel erkannt hat. Sandra gehört zu den ganz mutigen Menschen auf dieser Welt, sie war tatsächlich bereit hinzuschauen!

Wenn das Leben auch oft schwer und ungerecht erscheint und wir uns wieder und immer wieder fragen, wieso gerade uns etwas passiert, wissen wir jetzt doch, dass es immer einen tieferen Grund hinter all den Hindernissen und Widerständen gibt, die man vorgesetzt bekommt. Durch die Perspektive, die man im Planungsraum einnimmt, wird so manch einer fähig, hinter die Rollen und das Spiel zu blicken und dadurch wahrhaft zu begreifen. Glauben Sie mir, dafür lohnt es sich, diese Arbeit zu machen! Wenn wir diese Perspektive in uns zulassen, unabhängig davon, ob wir nun daran glauben oder nicht, dann sind wir auch bereit, bei uns selbst zu beginnen. Und das ist die Grundlage des riesigen Shifts, der gerade auf der ganzen Welt ansteht.

Aber was ist es denn nun genau, das wir uns da bei unserer Ursprungsfamilie ausgesucht haben? Was wirkt dort in dieser Gruppe Menschen, die mir so nahestehen wie keine andere Gruppe auf dieser Welt? Ich empfehle jedem, zu diesem Thema eine Familienaufstellung zu machen, hier erfahren wir viel über die Energien, die eine Familie in sich trägt. Meist sind es verheimlichte und verborgene Dinge, die über Generationen mitgenommen und geschultert werden, ohne dass man sich dessen bewusst ist. Aber auch Sehnsüchte, Wünsche und Ziele, die nie in Erfüllung gegangen sind, wirken weiter. Energie geht niemals verloren! Kein gedachter Gedanke bleibt ohne Resonanz. Nichts, was wir jemals sehnsüchtig erhofft und damit gedacht haben, löst sich in Luft auf. Nein, stattdessen wirkt es! Es wirkt in fast allen Beteiligten einer Familie weiter. Oft kann man sehr genau beobachten, dass irgendjemand aus der Familie das auslebt, was einer der “Vorgänger” sich herbeigewünscht oder aber befürchtet hat. Die vielen Synchronizitäten, die in der näheren Verwandtschaft in schier unglaublichen Verbindungen und emotionalen Großereignissen explodiert sind, sind dies alles Zufälle? Haben Sie sich schon einmal angeschaut, wer in der Familie des Vaters genau solche oder ähnliche berufliche Ziele oder kreative Begabungen hatte wie Ihr Vater selbst? Oder bei der Mutter: Welche der Frauen haben in dieser Familie wirklich ihre Weiblichkeit gelebt? Und reagieren Sie bis heute noch genauso auf bestimmte Dinge, wie es von Ihrer Urgroßmutter behauptet wurde? Alles Fragen, die Sie sich spätestens jetzt einmal stellen sollten. Betrachten Sie sich die vielen, vielen Zusammenhänge, die entstehen, wenn Sie die Verknüpfungen zueinander herstellen. Erarbeiten Sie Überschriften für jedes Mitglied Ihrer Familie, und versuchen Sie, die wirkenden Energien dahinter zu erfassen. Sie wirken in Ihnen. Deshalb, wegen dieser Dynamik, haben Sie sich diese Familie ausgesucht ... Machen Sie sich das bewusst. Jetzt!

Raum der Mutter – Raum des Vaters

Zur eingehenden Betrachtung der einzelnen Personen unserer Ursprungsfamilie gehört auch die Erstellung eines Ursprungsbaumes, in den wir die Überschriften eintragen, die wir unseren Eltern zuordnen, sozusagen wie Früchte am Baum. Der Vater kann zum Beispiel sein: zielstrebig in seinem Leben oder heimatvertrieben, wie es viele Menschen sind und waren, die die Kriegszeit noch miterlebt haben. Vielleicht war er eine Art Rebell, wenn er ständig aufbegehrt hat oder umgeben war von vielen streitbaren Geistern. Aber auch die Sehnsüchte, Träume und Visionen schauen wir uns an und schreiben die passenden Überschriften an unseren Baum. Wie hat er geliebt, was war einer seiner größten Wünsche, hat er sich überhaupt solche Wünsche zugestanden? Was war sein berufliches Ziel, und ist er zu dem geworden, was er ursprünglich oder aus ganzem Herzen wollte? Unter welchen Aspekten hat er die Mutter erwählt, und hat er sie geheiratet? Wie waren oder sind seine herausragendsten Charaktereigenschaften? Was sagen andere Menschen über ihn? Welche Überschrift bekäme die Beziehung von Ihnen zu Ihrem Vater?

Um solcherlei Fragen zu beantworten, bedarf es einer tiefen Beschäftigung mit dieser Person. Dies sollte über einen längeren

Zeitraum durch Fokussierung auf den Vater oder eben die Mutter unterstützt werden. Wenn Ihre Eltern noch leben, empfehle ich, lange Gespräche mit ihnen zu führen, falls dies möglich ist. Wenn nicht, kann man sich täglich ein bisschen Zeit nehmen, um in sich zu gehen, eine Art Elternmeditation führen und auf das lauschen, was einem die innere Stimme mitteilt. Betrachten Sie sich alte Bilder von Ihren Eltern, unbedingt auch aus deren Kindertagen. Fragen Sie bei der Betrachtung, wie er oder sie sich damals gefühlt haben mag. Betrachten Sie dann Ihre Erinnerungen an Ihre Kindheit: Welches Gefühl herrscht vor, wenn Sie sich daran erinnern? Gab es Liebe oder ganz viel Mangel? Welcher Mangel war am ausgeprägtesten, und was davon ist bis zum heutigen Tag spürbar in der Mutter und im Vater? Nehmen Sie sich die unterschiedlichsten Themenkreise vor, und betrachten Sie sie gründlich, immer aus der neutralen Sicht des Beobachters. Dies wird manchen nicht ganz leichtfallen, aber es ist die beste Perspektive, die man einnehmen kann, um an Informationen zu gelangen.

Auch hier brauchen Sie wieder einen Kreis am Boden, wie bereits beschrieben. Es wäre gut, wenn Sie diesen Kreis, besser Raum, für einige Zeit so stehen lassen könnten, damit Sie ihn sooft betreten können, wie Sie es benötigen. Nennen Sie ihn den "Raum des Vaters oder der Mutter", und gehen Sie wieder völlig bewusst hinein, möglichst mit ein paar tiefen Atemzügen. Versetzen Sie sich in diesem Raum in die Energie Ihres ausgewählten Elternteils. Denken Sie daran: Sie beobachten hier die Muter oder den Vater und bleiben so neutral wie möglich.

Wenn Sie erfahren möchten, warum Ihre Eltern so geworden sind, wie sie sind, und wenn Sie Antworten suchen auf die Fragen, die Sie schon immer stellen wollten, schreiben Sie auf, welche Themen wichtig sind in Ihrem Leben und im Leben Ihrer Eltern. Versuchen Sie, den Mangel zu erkennen, der geherrscht hat. Wenn Liebe, Geborgenheit und Zärtlichkeit zum Beispiel keine Themen waren im Leben Ihrer Mutter, können Sie sich jetzt sehr deutlich ausmalen, wo genau Ihr Handicap in Ihrem eigenen Leben liegt.

Die Themen sind im Grunde bei fast allen Menschen die gleichen. Das Grundthema unseres Lebens ist immer die Liebe, in allen Formen, in der sie einem begegnen kann: partnerschaftliche Liebe, Elternliebe, Eigenliebe, die Liebe zur Natur, zum Geld ... Dann sind die Träume, Visionen und Sehnsüchte eines Menschen wichtig. Was war der berufliche Werdegang oder die Berufung? Wie ausgeprägt ist oder war der soziale Aspekt im Leben Ihrer Eltern - sozial im Sinne von Partnerschaft, Gesellschaft, Familie? Welche Emotionen waren be-/vorherrschend im Leben Ihrer Eltern? Wut, Neid, Eifersucht, Abhängigkeit oder gar Lust, Freude, Wärme, Stärke ...? Betrachten Sie die Gefühle Ihrer Eltern möglichst aus ganz vielen Perspektiven, und malen Sie sich die Überschriften in allen Farben aus, die Sie zur Verfügung haben.

Dann: Materie! Wie sind Ihre Eltern mit der Materie umgegangen? Geld, Körper, Werte, Besitz ... Hier ist häufig auch ein Mangel auszumachen, wenn auch "nur" auf der materiellen Seite. Auch Schulden sind ein Thema oder Geiz und Gier. Großzügigkeit oder das Verbergen und Verstecken. Lassen Sie alles an Ihrem geistigen Auge vorüberziehen, und finden Sie die Dinge, die am meisten spürbar sind/waren und somit die tiefste Wirkung zeig(t)en. Beim Thema "Werte" kommt oft auch der Selbstwert zum Tragen. Wie stand es da bei dem Vater, der Mutter?

Natürlich darf das Thema Ratio, das Mentale nicht fehlen. Der Verstand, die Strategien, die vorherrschenden Glaubenssätze sind hier zu betrachten. Wie viel Raum hat zum Beispiel der Verstand im Leben meiner Eltern eingenommen? Wie ist man in dieser Familie mit Intelligenz umgegangen? Gab es da Sätze wie: "Ich bin doch nur eine doofe Hausfrau!" Oder: "Ich weiß das eben, weil ich es weiß!" Manchmal können Glaubenssätze sogar körperliche Beschwerden hervorrufen; gibt es hier Wichtiges zu vermerken? Sammeln Sie, so viel Sie können. Auch die Religion und die Spiritualität, der Glaube an was auch immer hat den Charakter unserer Eltern stark geprägt. Welche Erkenntnisse, welche Lebenslehren und Aufgaben ergaben sich aufgrund dessen? Hier finden sich sicher ganz tiefgründige Überschriften. Denn: Was ich glaube, das bin ich!

Nächstes Thema: Kreativität, Fantasie, Inspiration und das Ausleben von "Verrücktheiten" - tritt hier etwas zutage oder nicht? Ich bin der festen Überzeugung, dass ich durch die "Verrücktheit" meiner eigenen Mutter so kreativ werden konnte. Wie sollte es auch anders sein? Aber auch wenn man gerade auf diesem Gebiet keinerlei Unterstützung erfahren hat, kann man es eben aus dem Mangel heraus - beziehungsweise weil man ihn beheben wollte - geschafft haben, in die Fülle zu kommen. Ist das im Falle Ihrer Familie so gelaufen oder ähnlich?

Eine schöne Frage tauchte einmal von einer Teilnehmerin im Seminar auf: Welche Fantasiefigur war oder ist Ihrer Mutter am ähnlichsten? Ihre Mutter wurde von allen nur "die Elfe" genannt. Ihr ganzes Wesen war so geartet, wie man sich eben eine Frau aus dem Elfenreich vorstellt. Das wirkte so stark in ihr, dass sie gegen Ende ihres Lebens diesen Naturwesen immer ähnlicher wurde. Gibt es dazu auch Überschriften bei Ihrer Mutter/Ihrem Vater? Solcherlei Dinge wirken besonders stark und haben, wie wir später noch feststellen werden, in jedem Fall auch mit Ihrem eigenen Leben zu tun.

Als Nächstes sollten wir das Thema Wahrheit und Wahnsinn nicht vergessen. Welche Dämonen haben unsere Eltern geritten, welche Schatten haben sich ihrer bemächtigt? Hier können wir die Schwellen im Leben unserer Eltern ergründen und erfahren, ob sie überschritten oder vermieden wurden. Haben die beiden die Verantwortung für ihre Schatten übernommen, oder haben sie sie selbst gelebt? Sind die Geschenke, die hinter den vermeintlichen Dämonen lauerten, erkannt worden, oder wurden sie zur Belastung?

Überschriften, Überschriften und noch mehr Überschriften kann man hier erkennen ...

Dann gibt es noch: Zeit und Raum. Wie viel Zeit hatte der Vater für sich und uns, oder wie groß durfte der Raum sein, in dem sich unsere Mutter ausdehnen und ausleben konnte? Natürlich spreche ich hier nicht nur vom kleinen Nähzimmer oder dem Hobbyraum im Keller, sondern hauptsächlich ist die Rede von dem Raum, den sie im Leben einnimmt oder -nahm. Wie sieht/sah der Rhythmus aus, in dem der Vater lebt/lebte? Welches Tempo wurde vorgegeben? Und stimmte dieses Tempo immer mit dem der Kinder und dem der anderen Beteiligten überein? War noch Platz für anderes, oder war es ziemlich "eng" bei und in Ihrer Mutter?

Und dann: Wie sind die Eltern mit ihrem Körper umgegangen? Herrschte Krankheit oder Gesundheit vor? Findet man ausgerechnet hier eine der Hauptüberschriften der Mutter? Wie, glauben Sie, waren der Vater und die Mutter im Kontakt mit ihrem Leib, ihrem Körper? Gab es Gebrechen, Behinderungen oder Unfälle? Auch diese Dinge tragen die Überschriften schon wie von selbst in sich. Und als Abschluss meiner Aufzählungen hole ich noch das Thema Stirb und Werde hervor. Der Tod. Eines der größten Tabuthemen unserer Gesellschaft. Er beinhaltet Abschied und meist Trauer. Er kann sanft oder grausam daherkommen. Wie ist er Ihren Eltern begegnet, auch wenn Sie noch leben? Was sind die Überschriften dazu in ihren Leben? Was bedeutete der Tod für Ihren Vater, für Ihre Mutter?

Schreiben Sie alles auf, was Ihnen zu allen Themen einfällt. Am besten ist es, Sie machen sich kleine Zettel mit den gut leserlichen Überschriften und legen diese dann vor sich auf dem Boden aus. Dann betrachten Sie einmal die Überschriften, die Ihren Vater charakterisieren, und separat die Überschriften, die Sie für Ihre Mutter gefunden haben. Nehmen Sie sich dafür unbedingt viel Zeit. Versinken Sie darin, und schauen Sie zum Schluss, ob Sie mit einem oder zwei markanten Sätzen den Vater und die Mutter beschreiben können. Und diese Sätze hängen Sie sich dann an irgendeinen Platz in Ihrem Haus und begegnen ihnen täglich wieder. Sie werden erstaunt sein, wie sehr sie den derzeitigen Zustand Ihres Lebens erklären können. Natürlich sollten Sie die besonderen Themen, die in Ihrem Leben eine tragende Rolle spielen, noch hinzufügen.

Ich bin mir sicher, dass Sie am Ende Ihrer Forschungsreise in den Raum des Vaters und den der Mutter ganz viele neue Erkenntnisse haben werden - über Ihr eigenes Leben und Ihren ureigenen Weg, auf dem Sie sich befinden. Denn wenn Sie mit diesen Überschriften arbeiten und ihnen täglich begegnen, werden Sie ganz schnell die Zusammenhänge erkennen, die in Ihrem Leben wirken. Selbst die von Ihnen als abscheulich bezeichneten Eigenschaften Ihrer Eltern werden Sie mit etwas Abstand als Motor auf Ihrem eigenen Weges erkennen können. Ja, gerade die Dinge, die wir am meisten ablehnen, haben am stärksten mit uns zu tun, und Sie werden auch unweigerlich erkennen, dass Sie Ihrer Mutter oder Ihrem Vater ähnlicher sind, als Sie es eventuell sein möchten. Und da ist er dann: der Punkt, an dem die Tür zu Vergebung und Heilung gesehen werden kann. Es liegt dann nur noch an Ihnen, ob Sie diese auch durchschreiten wollen.

Es wird Zeit, dass wir beginnen, die eigene Geschichte ganz neu aufzurollen. Dahinter liegt alles verborgen, wonach wir suchen, und wir haben die Chance zur Veränderung. Denn nur in uns kann die Veränderung beginnen, nicht im Außen. Verändern wir etwas in uns, dann spiegelt es sich im Außen wider. Deshalb sind Sie immer der Schöpfer Ihrer eigenen Realität. Machen Sie sich bewusst, das keine Energie, die jemals in der von Ihnen ausgesuchten Familie ausgesendet wurde, verloren gegangen ist. Sie trägt so lange Wirkung in diesem Clan, bis sie erkannt und somit geheilt wurde. Erkennen Sie jetzt die Aufgabe dahinter?

Widerstände und die Geschenke dahinter

Auf unserer Reise in unser tiefstes Inneres betrachten wir uns als Nächstes alle Widerstände, die uns bis zum heutigen Tag begegnet sind. Warum, werden Sie fragen, sollte ich mich mit solch negativen Dingen beschäftigen? Wäre es nicht besser, sich auf die positiven Sachen zu konzentrieren? Stellen wir uns einmal die Frage: Was ist eigentlich negativ - und was ist wirklich positiv? Glauben Sie immer noch an die Schwarz-Weiß-Malerei, die wir uns schon so lange vorgekaut haben, uns haben vorkauen lassen? Im Sinne der Eigenverantwortlichkeit wäre es durchaus wünschenswert, wenn wir mit dieser Art der Beurteilung aufhören würden. Begreifen wir endlich, dass genau das sogenannte Negative nur zu einem Zweck in unserem Leben ist: um zu erkennen, zu begreifen, wie die Energien, die wir anziehen, laufen. Hinter jeder Erfahrung steht ein Geschenk, das können Sie mir glauben, und hinter den vermeintlich schlechten Erfahrungen stecken die allergrößten. Das schauen wir uns im nächsten Schritt einmal genauer an.

Als ich meine Ausbildung zur Tanztherapeutin machte, stand wieder einmal eine der vielen Prüfungen an, die in diesem System abgehalten wurden. Mein damaliger Ausbilder stellte uns begeistert die Arbeit von Byron Katie vor. Diese außergewöhnliche Frau ist durch - ich nenne es - ein Erleuchtungserlebnis zu einer erstaunlichen Erkenntnis gekommen. “Alles, was du im anderen siehst, trägst du in dir.” Mit dieser Erkenntnis hinterfragte sie jede Wut, jeden Widerstand und jede Ablehnung und brachte sich dadurch schließlich dazu, alles als Spiegel zu sehen. Dieser Spiegel wiederum hilft beim Erkennen der eigenen Aufgaben. Durch vier ganz einfach gestellte Fragen kommt man dahinter, welche Energien wirklich vorherrschen und wirken. Diese Arbeit wird “The Work” genannt und hat sich inzwischen einen festen Platz in der Szene für Bewusstseinsarbeit erworben. Damals allerdings, als ich das erste Mal davon hörte, war diese Art der Erforschung noch nicht sehr verbreitet. Ich umreiße hier einmal ganz kurz, worum es in der Hauptsache dabei geht.

Im Grunde ist es ein ganz einfach: Sie stellen sich eine Person vor, mit der Sie momentan Schwierigkeiten haben - womit auch immer. Meist handelt es sich um jemanden, bei dem Sie glauben, dass Sie im Recht sind und der andere eben nicht. Urteilen Sie nun ohne Rücksicht auf Verluste lustig vor sich hin. Hier ein Beispiel: “Peter ist unfreundlich, rechthaberisch und abfällig zu mir.” Das ist die Grundannahme. Dann erarbeitet man anhand der vier Fragen die wirklich herrschende Energie.

1. Ist das wahr?
2. Können Sie wirklich wissen, dass das wahr ist?
3. Wie reagieren Sie, wenn Sie an dem Gedanken festhalten?
4. Wer oder was wären Sie ohne diesen Gedanken?

Und zum Schluss kommt die Krönung: die Umkehrung. Sie setzen einfach Ihren Namen ein statt den der Person, die Sie gerade bearbeiten. Und so heißt es dann: “Saskia ist unfreundlich, rechthaberisch und abfällig!” Uff. Und zwar meist zu sich selbst oder zu Peter oder eben zu allen Menschen ...

Ich weiß noch, wie erstaunlich für mich die allererste "Work" war. Und so beschloss ich, diese als Abschlussprüfung in die körpertherapeutische Ebene zu übersetzen. Ich hatte schon seit geraumer Zeit die Erfahrung gemacht, dass man sich, wenn man rein mit dem Kopf arbeitet, lange, lange selbst täuschen kann. In der Körperarbeit ist das schon schwieriger. Jede Zelle kann lauter schreien als der Verstand, und genau das wird hier am meisten getriggert: durch das Zellbewusstsein. Also ging ich in ein besonderes "Work-Seminar" und lernte den Grundstock dieser Arbeit kennen. Dort diskutierten wir lange über die Umsetzung auf die "andere Ebene", aber keiner von uns konnte damals ermessen, wie unterschiedlich diese sein sollte. In meiner Prüfung machte ich die Work dann zum ersten Mal auf der Körperebene.

Ich ließ die Teilnehmer mithilfe von martialischer Trommelmusik einen passenden Satz finden zu einer Person, mit der sie gerade Schwierigkeiten hatten. Dann ging ich die Fragen von Byron Katie ganz langsam mit ihnen durch, wobei die Teilnehmer immer in Bewegung blieben. Die einen tanzten, die anderen gingen langsam durch den Raum. Am Schluss forderte ich die Gruppe auf, ihren eigenen Namen anstelle des Namens des "Übeltäters" einzusetzen. Ich ließ sie also die Umkehrung machen.

Ich kürze es ab: Die Gruppe, alles jahrelang ausgebildete und vor dem Abschluss stehende Tanztherapeuten, explodierte quasi. Zum Glück hatte ich die ganze Übung nur als Experiment angekündigt und fand dann darin auch die Bestätigung meiner Bedenken. Es gelang mir erst nach zwei Stunden, die Gruppe wieder zu einem Gesprächskreis zu versammeln und dann gemeinsam darüber zu reflektieren. Was war geschehen? Wieso ist eine Vielzahl der Teilnehmer bei dieser Übung derart "ausgeflippt", dass ich Mühe hatte, sie wieder zusammenzubringen? Meine Antwort darauf war damals: Die Selbstverantwortung ist eine noch nicht wirklich erfahrene Schicht unseres Bewusstseins, sodass erst einmal ein ungeheuerlicher Widerstand hervorbricht. Er wirkt wie ein Selbstschutz.

Dies war vor circa zwölf Jahren, und derweil hat sich viel verändert. Wir sind riesengroße Schritte weitergekommen auf dem Weg zur Selbstverantwortung, eben auch durch solch wunderbare Lehrer wie Byron Katie. Damals begriff ich, wie schwer es für uns Menschen ist, Verantwortung zu übernehmen. Für einige schier unmöglich. Auch heute kann ich genau erkennen, wer bereit dafür ist und wer nicht. Die Menschen, die immer die Schuld bei anderen suchen und ständig negativ über ihre Mitmenschen reden, sind meist meilenweit von sich und ihrem Weg entfernt. Eine meiner Haupterkenntnisse lautet: Es gibt keine Schuld, und dadurch gibt es auch keinen Täter und kein Opfer. Es gibt nur Aufgaben oder Feedback, wie es einmal eine andere Trainerin ausdrückte.

Erstaunlich finde ich an der ganzen Sache aber eines: Es ist rasend schnell gegangen von dem Zeitpunkt vor zwölf Jahren, als mir die Gruppe "explodierte", bis heute. Mit einem Mal verfügten wir über Informationen, die uns unendlich viel näher an unsere eigene Verantwortlichkeit gebracht haben. Das morphogenetische Feld arbeitete auf Hochtouren, und wir sind in Windeseile an neue Erkenntnisse gekommen über die Fähigkeit, der Schöpfer der eigenen Realität zu sein. Viele Bücher, viele Lehrer befassen sich seit geraumer Zeit mit nichts anderem mehr als mit der Kraft der Gedanken und dass wir uns alles selbst ins Leben rufen. Ich mache diese Übung gern und oft in meinen Seminaren, und ich habe nie mehr solch eine heftige Reaktion hervorgerufen wie damals. Das zeigt mir deutlich, wo wir jetzt stehen. Und das ist wirklich wunderbar.

Mit Widerständen zu arbeiten, ist eine absolut fruchtbare und manchmal sehr witzige Arbeit. Nach den neuesten Erkenntnissen der Gehirnforschung haben wir das Sammeln unserer unterschiedlichsten Erfahrungen bereits mit dem sechsten Lebensjahr abgeschlossen. Alles, was uns danach begegnet, ist eine Wiederholung. Die Epigenetiker schreiben sogar, dass wir bereits im Mutterbauch unsere ersten Erfahrungen abspeichern, hervorgerufen durch den Hormoncocktail der Mama. Das würde bedeuten, dass wir nur ein paar Jahre damit verbringen, bestimmte Erfahrungen zu sammeln, zu katalogisieren und zu beurteilen, um sie dann den ganzen Rest unseres Lebens immer wieder gleich zu durchleben. Es sei denn, wir verändern etwas.

Im Außen kann man alte Erfahrungen gut am Grad des Widerstandes messen, den wir einer bestimmten Erfahrung entgegenbringen. Machen Sie sich einmal bewusst, dass dieser Widerstand nur eine uralte Zusammensetzung aller Erfahrungen und Erlebnisse ist, die wir bisher gemacht haben. Der Verstand ist nicht in der Lage, Neues anzubieten. Anscheinend rechnet er zusammen, wie oft etwas schief- oder gut gegangen ist, um dann als Ergebnis die dazu passende Emotion abzurufen. Jede Ablehnung, jeder Ekel, jeder Protest in Ihnen entsteht demnach aus der Summe Ihrer Erfahrungen. Ihrer alten Erfahrungen! Neues kann nur durch eine wirkliche Veränderung der Einstellung geschehen, und diese hat mit dem Verstand meist nur am Rande zu tun. Aber gerade weil es sich immer um schon längst gemachte Erfahrungen handelt, kann man sie auch ganz gut hervorholen, denn durch die ständigen Wiederholungen sind sie uns schon viele Male begegnet. Das Einzige, was sich verändert hat, ist die Verpackung!

Um sich die Widerstände einmal klar vor Augen zu führen, sollten Sie sich wieder an all die Blockaden und Mauern erinnern, gegen die Sie im Laufe Ihres Lebens gerannt sind. Meist fangen die heftigsten Widerstände in der Pubertät an, und dies ist dann auch der Zeitpunkt, ab dem Sie diese Arbeit beginnen sollten. Suchen Sie sich Fotos, Briefe und Kleidungsstücke, die aus dieser Zeit stammen, zusammen. Sprechen Sie mit Bekannten aus dieser Zeit, sprechen Sie mit alten Freunden, Eltern und Geschwistern über diesen Abschnitt in Ihrem Leben; hilfreich sind auch alte Tagebücher. Dann vertiefen Sie sich in diese Sachen. Atmen Sie die damalige Zeit noch einmal ein, und lassen Sie sie Revue passieren. Erinnern Sie sich an die Lehrer und Respektspersonen, denen Sie damals begegneten. Erinnern Sie sich an die Regeln und unliebsamen Aufgaben, die Sie damals befolgen mussten. Mit welchen Menschen hatten Sie die meisten Schwierigkeiten - und warum? Mit welchen Gefühlen hatten Sie in dieser Zeitspanne am heftigsten zu kämpfen? Wem mussten Sie widerstehen? Machen Sie sich deutlich, wo die stärksten Widerstände waren - und welche haben Sie eventuell "verloren"? Dann gehen Sie daran und finden die passenden Überschriften. Hier ein paar Beispiele: "Machtlosigkeit", "Unterdrückung", "Demütigung", "Fremdbestimmung", "Leistungsdruck", "Versagensangst" ... Je mehr Sie finden, desto besser.

Nehmen Sie nun Ihre Überschriften, legen Sie sie vor sich hin und lassen Sie die Zeit weiterlaufen, lassen Sie vor dem inneren Auge all die Menschen auftauchen, die Sie mit diesen Überschriften in Verbindung bringen. Gehen Sie, wenn Sie können, bis zum heutigen Tag. Dies erfordert entweder eine totale Konzentration auf diese Übung oder eine Beschäftigung mit dem Thema über einen größeren Zeitraum hinweg. Sie werden sehr schnell ersehen können, dass sich die Überschriften ständig wiederholen - mit wechselnden "Darstellern".

Wenn Sie genug geforscht haben und einige Menschen erkannt haben, die Ihnen diese Überschrift vorgelebt und präsentiert haben, dann machen Sie ruhig einmal den Zusammenhang fest, der tatsächlich dahintersteckt. Erkennen Sie in der ständigen Begegnung mit diesem Thema auch die Aufgabe dahinter - sozusagen das Geschenk, das ich im Titel dieses Kapitels bereits erwähnt habe. Sie werden feststellen, dass Sie diesen Überschriften oft und sogar regelmäßig wiederbegegnet sind. Und langsam kann man erkennen: Das Ganze hat Methode! Wir wiederholen anscheinend so lange die Dinge, die es zu lernen gilt, bis wir die Weisheit daraus gezogen haben, also das Geschenk dahinter erfassen. Deutlich wird bei dieser Art der Betrachtung auch: Je länger wir nicht hinsehen, desto heftiger wird die Resonanz, die uns von außen entgegenschwappt.

Wenn wir auf die Welt schauen, passiert hier genau das Gleiche, nur eben im Makrokosmos, im Großen. Wir können beobachten, dass die Ereignisse sich stets zyklisch wiederholen: Kriege oder Naturkatastrophen zum Beispiel. Die Zyklen verkürzen sich im Moment in rasantem Tempo. Je schneller etwas kommt, desto heftiger wird es. Alles scheint komprimierter als vorher. Was früher alle 100 Jahre einmal vorkam, kam dann alle zehn und schließlich alle Jahre. So scheint das gesamte Universum zu funktionieren. Es lebt von zyklischen Wiederholungen. Bei Ihnen gilt das auch, weil Sie ein Teil des Universums sind. Und so funktioniert der Mikrokosmos nach den gleichen Regeln wie die ganze Welt, der gesamte Kosmos.

Wenn Sie jetzt die Überschriften und Ereignisse, die Sie für Ihre Widerstände gefunden haben, auf eine Zeitskala vom Beginn Ihres Lebens bis zum heutigen Tag eintragen würden, könnten Sie die Regelmäßigkeit erkennen, den Rhythmus, der darin enthalten ist. Durch viele Wiederholungen bleiben uns diese Erfahrungen besser im Gedächtnis, im Bewusstsein, und wir können nun darangehen und etwas verändern. Die Widerstände, die uns begegnen, sind im Grunde unsere tiefsten Aufgaben - und da ist auch schon das Geschenk. Übernehmen wir endlich für das, was sie mitbringen, die Verantwortung, dann muss uns auch niemand mehr diese Dinge als Spiegel vorhalten. Bis dahin sind sie aber ganz wichtige Hilfsmittel für das Erkennen unseres ureigenen Weges.

Hier ein Beispiel aus meinem Freundeskreis: Eine liebe und treue Freundin biss sich immer wieder emotional fest bei einem Widerstand, den sie "Bevormundung" nannte. Sie fand für sich heraus, dass dies eine uralte Geschichte mit ihrer Mutter war. In frühester Kindheit machte sie die Erfahrung, dass sie nicht gehört oder gesehen wurde, wenn sie für sich etwas einfordern wollte. Die "Großen" gingen einfach über sie hinweg und sagten ihr zudem noch, was sie zu tun hatte. Dieses Muster, diese Bevormundung, zog sich durch ihr ganzes Leben. Einige Lehrer, ihr späterer Lehrherr, ein paar wichtige Freunde und zum Schluss ihr eigener Ehemann - alle versuchten, sie zu bevormunden. Sie hatte sich angewöhnt, sich in solchen Situationen zurückzuziehen, um sich nicht noch mehr nach den Regeln der anderen richten zu müssen. Sie war der Meinung, dass sie nur durch den Rückzug etwas verändern könnte in ihrem Leben und dass dies die richtige Reaktion war, um bei ihrer Meinung bleiben zu können. Bis zu diesem Zeitpunkt erkannte sie keinerlei andere Möglichkeit, ihre Meinung durchzusetzen. Und dann passierte genau solch eine Situation, die sie vermeiden wollte, mit mir, ausgerechnet bei mir und im vollen Haus.

Wir saßen gerade alle beim Essen zusammen und tauschten uns intensiv über alte Muster und ihre Folgen aus. Alle am Tisch waren erfahrene Therapeuten oder Gruppenleiter, und eigentlich wollten wir im Seminarraum einige neue Übungen ausprobieren. Da ich die Gastgeberin dieser Truppe war, schlug ich vor, ohne den üblichen Austausch weiterzumachen, da die Zeit knapp wurde. Meine Freundin wandte sich mir entsetzt zu und sagte in strengem Ton: "Das kommt gar nicht infrage! Du hast jetzt so viel geredet, da sind noch ein paar, die noch nichts gesagt haben." Ich war perplex über die Art, wie die geliebte Freundin mit mir sprach, und fühlte mich nicht wohl dabei. Also nahm ich sie wenig später zur Seite und sagte ihr das. Wobei ich betonte, dass der Einwand ein guter war, aber irgendwie hatte mich der Befehlston doch getroffen. Mitten im Gespräch bemerkte ich, wie sie immer mehr von mir zurückwich, und ich konnte sehen, wie sie in ihr Uralt-Muster hineinrutschte. "Du willst mich jetzt nur bevormunden, und du willst, dass ich nicht das sage, was ich gefühlt habe!" So war ihre Feststellung, und daran war ab sofort nicht mehr zu rütteln. Ich wurde total traurig und fragte noch, ob sie meinte, dass wir beide jetzt aus unserem Herzen heraus handeln würden oder aus einem uralten Muster. Aber es war bereits zu spät: Sie zog sich zurück. Und nicht nur für die Dauer dieses Nachmittags, sondern geschlagene zwei Monate. Ich wusste: Hier konnte ich nichts tun, sie musste selbst dahinterkommen. Ich stellte mich aber trotzdem als Projektionsfläche für ihre alten Erfahrungen zur Verfügung. Etwas anderes konnte ich nicht tun.

Schließlich rief sie doch wieder an und erzählte Erstaunliches: Sie hatte in einem Gespräch mit einer anderen Trainerin urplötzlich begriffen, dass nicht ich vor ihr gestanden hatte, sondern ihre Mutter. Dass sie eigentlich immer noch das kleine Kind war, wenn sie in diese Situation kam, und dass das Zurückziehen ihre einzige Lösung darstellte. Sie begriff auch, dass sie das mit vielen anderen Menschen, einschließlich ihres Ehemannes, getan hatte und dass es dadurch zu äußerst schmerzhaften Trennungen gekommen war. Nun hatte sie lange darüber nachgedacht, wie sie dieses uralte Muster verändern könnte. Das Ergebnis: Sie gab ihren Widerstand gegen mich auf und rief mich an. Es wurde eines der langen und Glück schenkenden Telefonate, die man nicht allzu oft in seinem Leben führt.

Wir erarbeiteten beide zusammen das Geschenk hinter dieser sich ständig wiederholenden Bevormundung und kamen zu dem Schluss, dass es sich hierbei um das Geschenk des gestärkten Selbstwertes handelte. Wenn der vorhanden ist, gibt es keinen Grund mehr, mit seiner eigenen Meinung hinterm Berg zu halten. Völlig entspannt kann man sagen, was man denkt und auf dem Herzen hat, ohne dass man befürchten muss, nicht mehr geliebt zu werden. Von dem Tag an konnte meine Freundin sich, wann immer sie Gefahr lief, in das Alte zurückzufallen, an diesen Prozess erinnern. Und diese Erinnerung ließ den beleidigten Rückzug von nun an nicht mehr zu. Sie konnte sich endlich verständlich machen. Was aber auch noch ganz deutlich für sie wurde, war, dass sie genauso handelte wie ihre Mutter: Sie bevormundete auch andere. So wurde auch der Spiegel überaus deutlich, den jeder Widerstand in sich trägt.

Seien Sie genauso erfolgreich in der Arbeit an Ihren Widerständen, wie meine Freundin es war. Sie werden Erstaunliches über sich selbst erfahren, Dinge, die Sie bisher abgelehnt hatten, werden sich quasi wie ein riesiger Schwall an Weisheit und Erkenntnissen über Sie ergießen. Und Sie werden einen ganz großen Teil Ihres Lebensmosaiks dadurch vervollständigen können. Ganz sicher!

Krankheiten, Unfälle, Süchte und andere Dramen

Wie Sie jetzt unschwer erkennen können, hat die Erforschung der eigenen Geschichte eine gewisse Struktur. Sie nehmen einen Lebensbereich oder einen Personenkreis und hinterfragen auf das Genaueste, was die Botschaft, die Information für Sie dahinter ist – dabei haben Sie immer im Hinterkopf, dass alles, was diese Menschen und Lebenssituationen Ihnen zeigen und mit sich bringen, nur einem Zweck dient: Sie auf Ihren vorgeschriebenen Weg zu führen. Auf den Weg, den Ihre Seele beschlossen hat zu gehen, mit allen Konsequenzen. Einer meiner Lieblingssprüche ist: Die wohlschmeckendsten Erdbeeren, die schönsten Rosen und das nahrhafteste Gemüse ist immer das, was auf dem größten Mist gewachsen ist. In der Arbeit mit dem Lebensmosaik können wir nach und nach erkennen, dass der "Mist", in den wir hineingeboren wurden, nichts wirklich Negatives in sich trägt. Er ist eher der Dünger für unsere Geschichte, und diese ist der Weg, den unsere innerste Natur für uns bereitgelegt hat, um das große Ganze zu erfassen, um zu dem zu werden, was wir wahrhaftig sind.

Unsere Lebensgeschichte stellt eigentlich eine umfassende und vielschichtige Ausbildung dar, in der jeder Mensch, der uns begegnet, mit einer bestimmten Botschaft an uns herantritt und uns somit zu den Erkenntnissen und Erfahrungen verhilft, die wir benötigen, um zu wahren Meistern zu werden. Es geht um die Entwicklung des Bewusstseins, in allem und jedem. Das dient der Welt! Und weil wir nun einmal Wesen sind, die anscheinend nur durch den Schmerz, das Leid und den Mangel bereit sind, unseren Allerwertesten in Bewegung zu setzen, leben wir das Drama. Ich kenne keinen, wirklich keinen Menschen, zu dessen Lebensgeschichte nicht auch eine gehörige Portion Drama gehört. So manche Chronik erscheint zwar leichter und sorgloser, zumindest nach außen hin, aber bei näherer Betrachtung handelt es sich erfahrungsgemäß meist um eine sehr ordentliche Verdrängung.

Ich selbst habe oft schon wütend gehadert mit meinem Schicksal und mich regelrecht verflucht, dass ich mich aufgemacht habe, meine Geschichte so tief zu ergründen. Mein Leben kam mir häufig schwerer vor dadurch, und ich jammerte mehrmals erbärmlich wegen der Ungerechtigkeiten, die daraus entstanden sind. Aber ich merkte auch sehr schnell, dass die Oberflächlichkeit und das Unter-den-Teppich-Kehren große, wenn auch nicht gleich sichtbare Nachteile mit sich brachten: Es holte einen direkt durch die Hintertür wieder ein. Das läuft auf der völlig unbewussten Ebene! Und dann aber gleich so stark, dass man sich ein wirkliches Drama erschaffen hat. Meist in Form von Unfällen oder Krankheiten. Seitdem ich das weiß, sehe ich besser doch hin oder höre den Menschen zu, die mir nahestehen, um zu lernen, um nicht in die Falle zu tappen und um es nicht zu verschlimmern. Auch wenn es manchmal doch ganz schön schwierig erscheint.

In meiner Arbeit spiegelt sich dieses Schema dann wider: Auch in den Seminaren zum Lebensmosaik untersuchen wir etwaige Krankheiten oder Unfälle. Da all diese Themen eine langwierige Vorgeschichte haben, kann man meist schon durch die bereits gefundenen Überschriften ergründen, warum wir diese "Katastrophe" in unser Leben gerufen haben. Und wir können auch sehen, dass es nicht dazu hätte kommen müssen, wären wir bereit oder fähig gewesen hinzuschauen. In meinem Buch *Mein Leben auf der Seife* habe ich die Geschichte beschrieben, die meine eigene ist, zumindest in vielen Teilen. Auch die Geschichte mit dem amerikanischen Pferdetrainer ist eine wahre, und ich stand damals unter dem stetigen Druck dieses Mannes, der darauf drängte, dass ich nach Amerika kommen sollte, zu ihm in seine Heimat - unter dem Mäntelchen der großen Chance auf eine wunderbare Ausbildung als Pferdetrainer. In meinem Inneren sträubte ich mich dagegen, ohne dass es mir bewusst war. Eigentlich wollte ich nicht mehr dorthin, nachdem ich begriffen hatte, dass dieser Mann an mir mehr als Frau als als Auszubildende interessiert war. Mein Unterbewusstsein schlug Alarm - und wurde von mir einfach überhört. Durch Vertuschen und Verdrängen mogelte ich mich um die Entscheidung und das damit verbundene unangenehme Gespräch herum. Bis mir ein Unfall "zu Hilfe" kam, bei dem ich mir im Schwimmbad die Schneidezähne ausschlug. Wegen der Verletzung konnte ich den Abflug verschieben und mehr Zeit gewinnen. Das brachte mich dann zu der Erkenntnis und zu dem Entschluss, mich auf keinen Fall auf dieses Spiel einzulassen. Endlich konnte ich das aussprechen, was mir auf der Seele gelegen hatte, wie gesagt: ohne dass es mir bewusst gewesen war. Ich fuhr nicht nach Texas und blieb in Deutschland. Später, viele Jahre danach, konnte ich erkennen, dass es den Unfall nicht gebraucht hätte, wäre ich in der Lage gewesen, meinen Widerstand wahrzunehmen und meine innere Stimme zu hören. Denn dann hätte ich sofort reagieren und zu mir stehen können und hätte mich nicht so überrollen lassen müssen. Das Geschenk dahinter war: Ich wurde sehr viel bewusster im Umgang mit meinem Inneren! Wie das eben so ist ... nur durch Erfahrung lernen wir.

Schauen Sie sich auch einmal an, wo Ihnen Unfälle und Krankheiten begegnet sind im Laufe Ihres Lebens. Hinterfragen Sie minutiös, was davor stattgefunden hat. In welcher Lebenslage und Verfassung waren Sie über einen längeren Zeitraum? Wollten Sie etwas erzwingen oder gar vermeiden? Gab es zu der Zeit Menschen in Ihrer näheren Umgebung, die Druck auf Sie ausübten oder die Sie veranlassten, einen anderen Weg als den von Ihnen gewünschten einzuschlagen? War Ihnen irgendetwas zu viel oder sogar unerträglich? Denken Sie immer daran: Sie müssen sich dessen nicht bewusst gewesen sein, auch wenn Sie heute vielleicht gar nicht mehr verstehen können, es nicht direkt gesehen zu haben. Erkennen Sie die Zusammenhänge, und vor allen Dingen: Bleiben Sie neutral! All die Menschen, die Sie augenscheinlich falsch behandelt hatten, waren nur Wegbereiter. Und ich bin mir fast sicher, dass Sie mit einigen Ausnahmen freiwillig mit ihnen zusammen waren. Betrachten Sie das Ganze unbedingt aus der Perspektive der Selbstverantwortung, dann kommen Sie zu tiefen Einsichten. Und meistens haben Sie am Ende wieder ein Mosaiksteinchen gefunden, das zur Vollständigkeit des Bildes von sich beiträgt. Zu Ihrem Einssein!

In einem meiner Seminare hat eine Teilnehmerin beim Malen die wildesten Süchte in ihr Körperbild hineingeschrieben. Zuerst erschrak ich selbst über die Heftigkeit dieser Worte und hoffte, dass sie bei der Geschichte, die sie hatte, am Ende doch noch zu einem "guten Ergebnis" kommen konnte. Sie malte mit einer großen Hingabe und völliger Konzentration den Alkoholismus, die Fresssucht, die Kaufsucht und verschiedene andere Abhängigkeiten wie die von Zigaretten, Kaffee und Süßigkeiten in ihr Bild. Alles in grauen und tiefschwarzen Tönen, und es sah genauso bedrohlich aus, wie es wohl auch in ihrem Leben gewirkt hatte - und teilweise noch immer wirkte. Sie malte sich quasi die Seele aus dem Leib, so sah es zumindest aus. Später, als wir weitergingen in der Arbeit, zeichnete sie plötzlich das Wort "Wunder" über ihren gesamten Körper. In einem kräftigen Grün. Beim Beschreiben ihres eigenen Bildes wurde ihr deutlich, dass Süchte eines der Hauptthemen in ihrem Leben waren und sind, aber auch, dass sie durch diese Süchte zu dieser lebenserfahrenen und tiefgründigen

Frau geworden war. Zu diesem Wunder von einem Menschen! Alle, die bei diesem Seminar dabei waren, waren aufs Tiefste berührt von dieser wundervollen Entdeckung. Die Teilnehmerin selbst konnte zum ersten Mal erkennen, was für eine besondere Frau sie war, eine mit einem Berg an Erfahrungen. Zum ersten Mal schämte sie sich nicht mehr für all ihre Süchte, nein, sie konnte ihnen sogar Dankbarkeit entgegenbringen. In diesem Seminar beschloss sie, ab sofort Menschen auf ihrem Weg zu begleiten, die in ihren Süchten gefangen sind, was sie dann auch sehr erfolgreich in die Tat umgesetzt hat. So konnte das Wunder in ihr und durch sie wirken.

Wie schon erwähnt: Krankheiten haben eine lange Vorgeschichte. Viele gehen oft viele Jahre einfach über die Signale der Seele hinweg, da sie nicht fähig sind, sie zu hören - geschweige denn zu verstehen. Im Extremfall kommt es dann eben zu einem Drama, das allerdings nur deshalb eines ist, weil wir es negativ bewerten. Jede Krankheit, jeder Unfall, jede Sucht ist nur ein Hinweis auf eine Richtungsänderung. Manchmal kommt es gerade durch das Erleben dieser Dramen zu unglaublichen Bewusstseinssprüngen bei den Betroffenen. Es kommt in diesem Moment zur totalen Veränderung der jeweiligen Situation, der Energie, die hier herrscht, und es gibt Abertausende von aufgezeichneten Erfahrungen, die von Menschen berichten, die sogenannte Wunder erlebt haben. Menschen, die nach einen schlimmen Unfall eine völlig neue Sicht auf sich selbst und ihr Leben erlangt haben. Oder Menschen, die von unheilbaren Krankheiten genesen oder plötzlich einer schlimmen Sucht entronnen sind. All diese Berichte haben meist eines gemeinsam: Jeder dieser Menschen hat tief in seinem Innersten eine Entscheidung getroffen, die dann dazu geführt hat, dass Heilung stattfindet, egal auf welcher Ebene. Eine Entscheidung, die Veränderung in das jeweilige Leben gebracht hat. Und diese Veränderung wurde von den allermeisten als durchweg glücklich beschrieben.

Also: Kommen Sie weg von dem ewigen Denken, dass negative Erlebnisse und Erfahrungen etwas Schreckliches seien. Versuchen Sie einmal, das Wahre dahinter zu sehen: das Geschenk! Betrachten Sie es als endlich gehörte Stimme Ihrer Seele, die sich anders nicht hatte verständlich machen können. Ein einziger Entschluss zur Veränderung der Situation kann Ihnen wieder zur Heilung verhelfen. Allerdings sollte dieser Entschluss schon sehr bewusst getroffen werden, sonst lernt man nicht so schnell daraus und neigt zur Wiederholung.

Hierzu eine Geschichte: Eine meiner Freundinnen, glücklich verheiratet, zwei Kinder, führte viele Jahre ein scheinbar unbeschwertes Leben. Sie hatten keine großen finanziellen Sorgen, die Familie war gesund und wohlauf und alles lief wie am Schnürchen. Zweimal im Jahr Urlaub und ein gewachsener Freundeskreis, mit dem man auch die Hobbys gemeinsam auslebte. Kam mal etwas daher, was nicht so recht in diese heile Welt passte, wurde es weggelächelt. Meine Freundin war nämlich eine Meisterin des positiven Denkens. Sie machte sogar regelmäßige Übungen, um möglichst viele schöne Gedanken in ihrem Leben zu manifestieren. Doch dann kam das Drama mit Riesenschritten auf diese Familie zu. Franziska, so der Name der Freundin, bekam die Diagnose Brustkrebs. Das ganze wunderschöne Kartenhaus brach mit einem Windstoß in sich zusammen. Der Mann, die Kinder und Franziska selbst, alle brachen zusammen.

Dies führte allerdings zu einer neuen und intensiveren Art der Kommunikation in dieser gebeutelten Familie. Die Tochter fand es mit einem Mal nicht mehr so wichtig, welche Jeansmarke sie trug, der Sohn war ab sofort viel häufiger zu Hause und der Mann fing an, sich rührend um seine Frau zu kümmern. Die Hobbys wurden hintangestellt, und alle verbrachten viel, viel mehr Zeit miteinander, als sie es jemals zuvor getan hatten. Sie änderten ihre Ernährung und so manche schlechte Gewohnheit, wie viel Fernsehen oder lange Zeiten vor dem Computer. Einfach so ... Franziska besuchte Seminare über Selbstheilung und Bewusstseinsarbeit, ihr Mann lernte Yoga und Meditation. Kurzum, alles wurde bewusster im Miteinander dieser Familie. Meine Freundin wurde operiert und erfolgreich nachbehandelt, vor allem naturheilkundlich, was vor der Krankheit kein Thema gewesen wäre - und ... wurde wieder gesund. Heute ist Franziska eine erfolgreiche Heilpraktikerin, weiterhin ohne die Diagnose Krebs und, wie sie selbst sagt, viel glücklicher, dankbarer, aufmerksamer und bewusster als vor der Krankheit. Die gesamte Familie ist deutlich abgerückt von den Oberflächlichkeiten, und sie sind heute fähig, ihre Gefühle wahrzunehmen und vor allem zu äußern und dem Wesentlichen in ihrem Leben wieder einen Raum zu geben: der Liebe.

Sie erzählte mir einmal, dass sie felsenfest davon überzeugt sei, dass die Grundlage ihrer wunderbaren Heilung in der radikalen Veränderung ihrer Gewohnheiten zu suchen sei. Damals, es ist schon über zehn Jahre her, hatten sie eine völlig neue Art des Miteinanders gefunden, und sie leben das bis zum heutigen Tag. Alles Oberflächliche ist gewichen, und wer diese Familie kennt, ist sofort sichtlich berührt von dem Umgang, den sie miteinander haben. In meinem Freundeskreis sind sie zu einem positiven Beispiel geworden für das bewusstere und damit glücklichere Zusammenleben in einer Familie. Und das, wie Franziska behauptet, alles nur wegen dieser scheinbar Unheil bringenden Krankheit. Diese Menschen haben es gemeinsam verstanden, was die Information hinter dieser Krankheit war, und sie umgesetzt. Und wieder einmal nenne ich dies: ein Wunder!

Falls auch Sie gerade erkrankt sind und meinen, Sie könnten nichts daran ändern, habe ich eine Botschaft für Sie: Das ist nicht wahr. Denn alles ist möglich. Alles. Glauben Sie mir. Oder besser noch: Glauben Sie endlich wieder an sich. Schauen Sie sich genau an, wo Sie ursprünglich einmal hinwollten und wo Sie im Endeffekt dann gelandet sind. Vielleicht liegt dahinter etwas, was unbedingt Veränderung benötigt. Halten Sie nicht krampfhaft fest am Alten, meist doch sehr Vertrauten; tun Sie etwas Neues, etwas, das Ihrem Herzen guttut und damit Ihrer Seele. Holen Sie sich jede erdenkliche Art von Hilfe, und fangen Sie an, auf Ihre Seele zu hören. Es gibt unendlich viele Möglichkeiten, wie die Seele sich bemerkbar machen kann: durch Malen, Schreiben, Meditieren, durch Lesen, durch den Austausch mit Personen, die es geschafft haben, und durch Begegnungen mit der Natur. Es wird wirklich Zeit für uns Menschen, diese Ebene als real anzunehmen, denn sie ist genauso real, wie sich bis jetzt nur unsere materielle Welt darstellt. Jetzt ist die Zeit reif, diesen Schritt in die nächste Dimension zu machen. Machen Sie mit! Erlauben Sie dem Paradigmenwechsel, sich in Ihnen zu vollziehen. Die Arbeit an Ihrer Lebensgeschichte ist der erste Schritt dorthin und auch der absolut notwendigste. Nur durch das Erkennen des eigenen Weges ist ein Erkennen der Welt erst möglich. Am wichtigsten in dieser Arbeit am Lebensmosaik ist es, immer und immer wieder die Zusammenhänge zu sehen und zu verknüpfen. Alles, was Sie an größeren Dramen in sich tragen - und das tut jeder -, hat eine Vorgeschichte. Suchen Sie nach den Überbegriffen in Ihrer Geschichte, die Sie dorthin gebracht haben. Es bedarf ein wenig Übung, um nicht in den oberflächlichen Ebenen hängen zu bleiben, aber mit der Zeit lernt man, ganz automatisch, tiefer zu forschen, tiefer zu sehen.

Wir leben in unruhigen Zeiten, und die Gabe des Erkennens von Zusammenhängen kann lebensnotwendig werden. Schauen wir uns doch einmal an, was in diesen Gegenden passiert ist, wo es zu Naturkatastrophen gekommen ist - New Orleans und Haiti zum Beispiel. Dort setzte fast sofort das Plündern, Rauben und Morden ein, weil jeder etwas unbedingt für sich haben wollte. Menschen, die gelernt haben, bewusst mit allem umzugehen, werden niemals in diesem Spiel mitspielen können. Sie würden einen anderen Weg einschlagen. Die Bewusstseinsarbeit ist deshalb von enormer Wichtigkeit, damit diese neuen Gedanken, die durch ein neues Bewusstsein entstehen und umgesetzt werden, sich vervielfältigen können und sich verbreiten, um uns immer wieder klar vor Augen zu halten, wer wir wirklich sind: Wir sind alle eins. Und deshalb schade ich dem Kollektiv, wenn ich meinem Bruder schade! Und umgekehrt!

In Anbetracht der momentanen Weltlage sollten Sie keine Sekunde mehr warten! Fangen Sie noch heute an, sich selbst zu entdecken; nur so können Sie in den kommenden Zeiten ohne Anhaftungen an alte Energien eine wirkliche neue Welt mitgestalten. Eine Welt, die Sie jetzt schon beginnen sollten, sich vorzustellen. Sie wissen ja, die Energie folgt immer der Aufmerksamkeit ...

Beziehungen und ihre Spiegelfunktionen

Viele Menschen glauben tatsächlich immer noch, dass ihre ganzen Beziehungen rein zufälliger Natur sind. Dass sie ihren jeweiligen Partner nur kennengelernt haben, weil er zum Beispiel gerade auch auf dieser Party eingeladen war. Wäre er nicht dort gewesen, wären sie ihm niemals begegnet. Ist das wirklich wahr? Gehören Sie auch noch zu diesen Menschen, die an solche Zufälle glauben? Dann sind Sie hier eindeutig falsch. Für mich gibt es das nicht mehr – Zufall! Ich bin fest davon überzeugt, dass Sie so oder so genau diesen Menschen angezogen haben, ihn in Ihr Leben gezogen haben, weil Sie mit ihm und nur mit ihm eine bestimmte Aufgabe zu bewältigen haben. Natürlich gibt es viele Möglichkeiten, diese Aufgabe auch mit anderen zu bearbeiten, aber glauben Sie mir: Dieser Partner, mit dem Sie gerade "arbeiten", ist der absolut Beste und Meisterlichste für all das, was es zu lernen gilt. Sie würden ihm überall auf der Welt begegnen, dafür würden Sie schon sorgen. Wie Sie das tun? Durch Anziehung.

Ich habe einmal die wunderbare Geschichte *Frettchen in den Lüften* von Richard Bach gelesen. Die Story handelt einzig und allein nur davon, wie es, wie er es ausdrückt, die himmlischen Helfer bewerkstelligen, dass genau zwei bestimmte Personen – in dem Fall waren es Frettchen - zueinanderkommen konnten, weil sie eine gemeinsame Bestimmung haben. Es ist sehr eindringlich beschrieben, wie aufwendig es manchmal zu sein scheint, ganz bestimmte Menschen zusammenzuführen. Ein wunderbare Geschichte, die, wenn man sie als seine Wahrheit betrachten könnte, zu einer völlig neuen Sicht über das Zustandekommen von Beziehungen führen kann. Und genau das wollen wir jetzt einmal tun: Wir nehmen das als wahr! Es ist aber nicht unser unabänderliches Schicksal, was uns somit begegnet, sondern es ist das, was wir am stärksten anziehen durch unsere uns innewohnende Energie. Beurteilen Sie einmal nicht, ob es gut oder schlecht ist, was sich gerade von uns anziehen lässt. Betrachten Sie es einfach ganz neutral. Aus der Beobachterperspektive.

Nachdem ich meine Lebensgeschichte habe Revue passieren lassen, fiel es mir wie Schuppen von den Augen, dass wirklich alles durch mich und von mir angezogen wurde. Und zwar genau das, was es zu betrachten gab. Mir wurde der Spiegel vorgehalten, jedes verdammte Mal! Bei mir wirkte genau das, was so vielen Frauen zu eigen ist: der fehlende Selbstwert. Und so zog ich immer wieder Partner in mein Leben, die mich mit der Nase hätten draufstoßen sollen, wenn ich es denn endlich einmal gemerkt hätte. Dazu fehlte mir nur eines: die Bewusstheit. Ich musste lernen, mir meiner selbst bewusst zu werden. Selbstbewusstsein! Damals war das schwer für mich zu erkennen, da es noch nicht allzu viele Informationen über die Arbeit daran gab, oder besser gesagt: Ich konnte die Information noch nicht in mein Leben rufen. Heute haben wir es einfacher; es gibt unendlich viele Lehrer und Lehren, die einem dabei helfen, die Bewusstheit in sich selbst zu entdecken. Ich musste es anfänglich noch ohne große Hilfe schaffen, aber: Ich habe es durchschaut, das Spiel, das ich so gerne gespielt habe. Und ich habe die größten Meister eben dieses Spiels in mein Leben gezogen. Habt Dank dafür.

Wenn ich von Beziehungen schreibe, dann meine ich nicht nur die partnerschaftlichen, sondern eigentlich alle Beziehungen, die man (frau) so hat in seinem aufregenden Leben. Egal, ob es sich um Ihre Vorgesetzten oder um die Blumenfrau am Markt handelt, mit der Sie sich immer ganz eindringlich unterhalten. Alle sind wichtig, alle, die Ihnen auf Anhieb einfallen. Und jeder von diesen besonderen Menschen bringt etwas für Sie mit: ein Geschenk! Und einerlei, wie dieses Geschenk auch verpackt sein mag: Wenn Sie es mit Bewusstheit betrachten, bringt es Sie einen großen Schritt näher ran an sich selbst. Ich erzähle Ihnen, wie kann es anders sein, hierzu eine kleine Geschichte, die mich Meilenschritte vorwärtsgebracht hat.

In der Zeit, als ich meinen damaligen Freund erst kurze Zeit kannte, beschlossen wir, eine gemeinsame Reise nach Lanzarote zu unternehmen. Er wollte mir dort alles zeigen und eventuell einmal auskundschaften, ob es möglich ist, dort Seminare abzuhalten. Es war quasi auch unser Honeymoon. Zu der Reisegruppe gesellten sich noch zwei seiner engen Freundinnen hinzu, die schon lange einmal mit ihm, dem Kenner der Insel, dorthin fahren wollten. Ich hatte nichts dagegen einzuwenden, und so kam es, dass wir zu viert ein gemeinsames Appartement mieteten. Die ersten Tage waren wir noch allein, und das war auch gut zum Ankommen, da es sich bei der Insel bekannterweise um eine Vulkaninsel handelt – und dementsprechend heftig waren auch die dort herrschenden Energien. Außerdem hat sich zu dieser Zeit der Atlantik von seiner stürmischsten Seite präsentiert. Man braucht schon ein bisschen Zeit, um sich auf diese gewaltigen Urkräfte einzustellen.

Nach fünf Tagen kamen die zwei anderen Frauen an, und es dauerte genau zwei weitere Tage, da waren wir in einem enormen Prozess miteinander verwickelt.

Ich war die Erste, bei der es losging, ich fühlte mich zurückgesetzt und sogar ein bisschen abgedrängt. Durch die liebevolle Unterstützung von Antonia, einer der Frauen, die auch als Therapeutin arbeitete, konnte ich allerdings schnell erkennen, dass hinter allem ein uraltes Thema in mir steckte, das sich hier zeigen wollte. Es ging wieder einmal um mein Selbstwertgefühl, und es triggerte sehr Altes aus vergangenen Beziehungen, was sich noch einmal bemerkbar machte. Und ich ging dem auch noch anstandslos in die Falle. Zuerst ... dann aber konnte ich die alte Baustelle erkennen, und mir wurde auch sofort klar, dass diese Personen, die anscheinend in dieser Geschichte verstrickt waren, nur zu dem einen Zweck zusammengekommen waren: um mich sehend zu machen. Ich lernte, dass ich meine Stellung einnehmen musste - und zwar deutlich. Ich lernte, dass ich nicht mehr weglaufen konnte, wie ich es früher so oft getan hatte. Und das Wichtigste: Ich lernte, mich noch deutlicher mitzuteilen, um den anderen ein Gefühl davon zu geben, wie es mir gerade ging. Ich lernte auch, noch tiefer in die Liebe hineinzusinken, wenn ich in meiner ureigenen Stärke blieb. So kam ich ganz schnell wieder raus aus dem Muster und konnte Neues integrieren. Kaum war ich draußen, ging die nächste Frau in die Prüfung, und als sie dann wieder da war, ging es auch noch bei meinem Freund zur Sache. Und zum Schluss sogar bei unserer treuesten Unterstützerin Antonia. Wir kamen bei allen prima durch, und mir wurde ganz deutlich vor Augen geführt, wie der Weg von solch einem Muster war - es war immer derselbe Weg, bei jedem von uns.

Zuerst landet man in der Reaktionsebene. Dort ist man extrem emotional, und alles, was einem von außen zugetragen wird - im Sinne von “Nun schau doch endlich mal hin” -, bringt einen nur noch mehr in den Widerstand. Hier ist auch die Projektion zu Hause. Man meint ständig, irgendein anderer sei an dem derzeitigen Zustand schuld. In der Ebene handeln wir völlig unbewusst und befinden uns meist in der Opferhaltung. Wenn man dann allerdings tiefer gehen kann, und dies geschieht eventuell durch die völlig neutrale Unterstützung eines meist geschulten, bewussten Menschen, dann, ja dann kommt man an die eigentliche Ursache, die dieses Muster ausgelöst hat. Hier erst beginnt der Prozess, der einen punktgenau an die Lebensthemen führt, und dies hat wirklich nichts, absolut nichts mit den Menschen zu tun, die anscheinend dieses Muster abgerufen haben. Noch ein kleines Stück tiefer ist er dann erreicht: der Raum der Heilung. Hier wird einem der Spiegel bewusst, den die anderen einem vorhalten. Hier ist man bereit, die Zusammenhänge zu sehen und Heilung zuzulassen. Hier ist man absolut im Bewusstsein. Wenn man dorthin gelangt ist, dann hat sich ganz viel verändert in einem und damit auch im Außen. Durch das tiefe Hineingehen von gleich vier Personen wurde dieses Schema extrem sichtbar.

Wir alle sind dankbar für diesen Urlaub, weil wir alle ganz großartige Geschenke mit nach Hause nehmen konnten. Tiefe Erkenntnisse und Einsichten, die wir auf ziemlich komprimierte Weise präsentiert bekommen haben. Wie sollte es auch anders möglich sein auf einer Vulkaninsel, umgeben von schroffen Steilküsten und einem tosenden Ozean? Seit dieser Zeit biete ich dort regelmäßig Ferienseminare an, weil genau auf dieser wundervollen Insel aber auch in den Bergen die Möglichkeit besteht, mithilfe der dortigen Energie ohne viel Aufhebens an wirklich wichtige Themen zu kommen. So lassen wir uns von der Natur unterstützen, zu uns selbst zu finden. Immer noch ein erstaunlich schöner Gedanke, finden Sie nicht auch?

Das Schema habe ich dann sofort nach meiner Rückkehr in meine Arbeit eingebaut und mir zunutze gemacht. In der Reaktionsebene kann man nicht wirklich etwas klären. Menschen, die unbewusst handeln, verweilen meist dort und sind dadurch auch sehr emotional. Versuchen Sie einmal, bei einem Ihrer nächsten Wutausbrüche oder bei anderen emotionalen Anwandlungen drei Mal tief und langsam durchzuatmen und hinabzusinken in die tieferen Ebenen. Hinter die Kulissen des Ausbruchs. Vielleicht können Sie dort erkennen, was die eigentliche Ursache des Schmerzes ist, der in Ihnen wirkt. Das ist alles eine reine Übungssache oder eine Sache des richtigen Begleiters an Ihrer Seite. Gut wäre es, wenn diese Person absolut neutral bleiben könnte und immer und immer wieder versucht, Sie auf das Dahinter aufmerksam zu machen. Ich hatte solch ein Glück, aber ich hatte auch schon große Schritte zu mir selbst gemacht - was einen trotzdem niemals davor bewahrt, nicht doch noch in die nächste Falle zu tappen. Und zwar so lange, bis man es endgültig gelernt hat.

Am größten sind natürlich die Fallen, die wir in unseren Liebesbeziehungen vorfinden. Hier sind uns die Menschen am nächsten, und deshalb führt jeder Prozess, der in diesen Beziehungen stattfindet, meist eher in alte, angesammelte Muster als in anderen sozialen Beziehungen. Als ich am Anfang meiner Partnerschaft immer wieder in alte Prozesse verfiel, haben wir ein kleines Ritual miteinander vereinbart, das es möglich machte, herauszukommen aus der Reaktionsebene und dadurch ganz schnell wieder zurückzufinden ins Herz. War es einem der Partner möglich, die Zusammenhänge zu erkennen, und der andere konnte nicht aus der Reaktionsebene herauskommen, zündete der "Sehende" einfach eine Kerze an, die nur zu diesem Zweck brennen durfte. Dies signalisierte dem emotional Blockierten: "Achtung, es gibt da noch etwas hinter der Wut, dem Ärger oder der Schuldzuweisung, die du gerade in dir trägst! Atme erst einmal tief durch und frage dich, wer oder was steht da wirklich vor dir?"

Da wir beide diese Kerze häufig angezündet haben und es dadurch bereits viele Male zu tiefen Erkenntnissen gekommen war, kann ich sagen, dass dieses einfache Symbol enorm hilfreich ist, um aus der gegenwärtigen Emotion herauszufinden. Je öfter man solch ein kleines Ritual übt, desto schneller klappt es. Am besten verabreden Sie mit Ihrem Partner, was genau Sie dafür benötigen, es sollte entweder ein bestimmtes Wort, vielleicht ein

Song oder ein bestimmter Gegenstand sein, dem die Macht erteilt wird, Sie wieder rauszuschubsen aus der Reaktionsebene, um der Fähigkeit der Reflexion wieder Raum geben zu können und die Zusammenhänge klarer zu erkennen.

Ich kenne keinen Menschen, der diese Rituale nicht mehr in seinem Leben benötigt, da wir alle, ohne Ausnahme, immer wieder in alte Muster oder Reaktionen zurückfallen. Die wahre Kunst des Lebens besteht darin, diese alten Muster zu sehen und ihnen die mit ihnen verbundenen Emotionen zu entziehen. Aus der Sicht des neutralen Beobachters sind die eigenen Unzulänglichkeiten nach tausendfacher Wiederholung nur noch ein erkennendes Lächeln wert. Wer hier angekommen ist, ist wahrlich auf dem Weg zur inneren Weisheit. Das wäre doch mal ein lohnendes Ziel!

Abschied von den Eltern

Zu den nächsten Schritten, die Sie nun gehen sollten, zu den nächsten Mosaiksteinchen, die es zu sammeln gilt, gehört auch die nochmalige Betrachtung Ihrer Ursprungsfamilie, Ihrer Eltern. Da uns ja durch den Seelenraum schon bewusst geworden ist, dass wir uns diese Familie selbst ausgesucht haben, können wir nun betrachten, wer diese Eltern eigentlich sind und was sie wirklich in unser Leben gebracht haben. Interessant ist bei dieser Arbeit auch immer, wie viel wir übernommen haben, obwohl wir im Grunde unseres Herzens die Eigenarten (eigene Art = eigene Kunst) der Eltern vielleicht immer tief abgelehnt haben. Ganz viele Eigenschaften von Vater oder Mutter sind in uns übergegangen, ohne dass es uns bewusst geworden ist. Manchmal machen uns gute Freunde oder Familienmitglieder darauf aufmerksam, dass wir doch eine enorme Ähnlichkeit zur Mutter oder zum Vater haben, allerdings nützt das gar nichts, wenn andere das sehen und Sie nicht! Erst durch die allgegenwärtige Brille der Bewusstheit und die damit verbundenen eigenen Erfahrungen sind wir imstande, das zu erkennen.

Für diese Arbeit ist es am besten, wir fokussieren zunächst nur eine Person, also entweder den Vater oder die Mutter. Nur so können wir uns sehr intensiv mit der jeweiligen Person auseinandersetzen. Schön wären auch lange Gespräche über die Kindheit, die

Jugendzeit, die Wünsche und die dramatischen Ereignisse im Leben der Mutter/des Vaters. Vielleicht gibt es ja gute Freunde der Familie, die noch einiges hinzufügen können zu den eigenen Beobachtungen. Aber der persönliche Kontakt ist nicht das Wesentlichste, sondern die Informationen, die Sie selbst in sich über diesen Menschen abgespeichert haben. Das, was er in Ihnen auslöst.

Nun fangen Sie an, mindestens hundert Eigenschaften für die Mutter/den Vater zusammenzuschreiben. Zuerst die guten, dann auch die sogenannten schlechten. Die ersten Punkte werden Ihnen noch ganz leicht von der Hand gehen, aber so ab der 30. Eigenschaft wird es schon merklich schwerer. Je länger Sie sich mit dieser Person beschäftigen, desto mehr Eigenschaften werden aber auftauchen. Dranbleiben ist von enormer Wichtigkeit. Lassen Sie nach Möglichkeit den Bauch sprechen und nicht den Verstand! Am besten holen Sie sich Bilder von Ihrer Mutter/Ihrem Vater als Unterstützung für Ihre Forschungen. Auch Kinderfotos und Fotos aus der Jugend sind gut. Betrachten Sie einmal Ihren jeweiligen Elternteil komplett fokussiert. Wenn Sie nicht mit Ihrem/Ihrer leiblichen Vater/Mutter aufgewachsen sind, dann nehmen Sie Ihren Ersatzvater/Ihre Ersatzmutter - oder beide, falls Sie doch noch etwas wissen über Ihre Ursprungsfamilie.

Entwickeln Sie langsam ein Bild in sich von diesem Menschen, der sich als Ihr Vater/Ihre Mutter zur Verfügung gestellt hat. Wie glauben Sie, war/ist dieser Mensch wirklich? Einen großen Teil dieser Informationen haben wir uns ja bereits schon erarbeitet in den vorherigen Kapiteln. Diesmal werden wir aber noch konzentrierter an das jeweilige Elternteil herantreten. Kennen Sie all seine Träume, seine Sehnsüchte? Die Spleens, die er hatte, oder die Ticks? Wie ist dieser Mensch aufgewachsen? Wohlbehütet und geliebt? Und wenn ja, hat er das dann auch an Sie weitergegeben? Was ist es überhaupt, was Sie von ihm/ihr gelernt haben? Egal, ob Sie es als positiv oder negativ betrachten. Stellen Sie ganz langsam einen kleinen Lebenslauf zusammen, von dem Sie denken, dass er zu Ihrem Vater/Ihrer Mutter passt. Seien Sie dabei ausschweifend und fantasievoll. Ersetzen Sie mangelndes Wissen ruhig durch die Bilder, die Sie glauben zu sehen. Holen Sie sich in Gedanken all die gemeinsamen Erlebnisse und Erfahrungen, die Sie miteinander gemacht haben, und lassen Sie sie noch einmal an Ihrem inneren Auge vorbeiziehen. Betrachten Sie einmal aus der Beobachterperspektive, wer oder was Ihr Vater/Ihre Mutter wirklich war. Vielleicht gelingt Ihnen das ohne ganz große Emotionen. Nehmen Sie sich dafür ganz viel Zeit; erfahrungsgemäß träumt man bei derlei tiefen Erforschungen so manches Detail, das man schon lange vergessen hatte. Auch das ist wichtig und gehört unbedingt zur Abrundung des Gesamtbildes dazu.

Dann, wenn Sie glauben, dass Sie sich jetzt wirklich ausreichend mit der Person beschäftigt haben, schauen Sie sich nach einem geeigneten Raum um. Dieser Raum sollte es Ihnen ermöglichen, sich völlig ungestört mit dem imaginären Vater/der imaginären Mutter zu "treffen". Das ist dann der "Raum des Vaters" oder der "Raum der Mutter", wie wir ihn ja bereits kennengelernt haben in dem dazugehörigen Kapitel. Dabei kann es sich um einen Kreis aus Kissen oder um einen mit farbigem Klebeband abgeklebten Bereich in Ihrem Zimmer handeln. Wichtig ist, dass er länger bestehen bleiben kann oder leicht wiederherzustellen ist. Und das Allerwichtigste: Sie können ihn ganz bewusst betreten und auch wieder verlassen – also lassen Sie etwas Platz außerhalb des Kreises, damit ein Verlassen möglich ist. Gut wäre natürlich auch ein Foto von Ihrem Vater/Ihrer Mutter oder ein ganz persönlicher Gegenstand oder was Ihnen sonst noch einfällt an verbindenden Dingen.

Wenn Sie diesen Raum geschaffen haben, nehmen Sie Ihre Notizen, und betreten Sie ganz konzentriert den Raum. Und dann spüren Sie erst einmal tief nach, was sich in Ihnen verändert, wenn Sie sich ganz bewusst in die Energie dieser Person begeben. Hier helfen tiefe und langsame Atemzüge. Auch bei dieser Übung, ist es gut, wenn Sie sich viel Zeit lassen, um wahrzunehmen. Dann holen Sie sich Ihren Vater/Ihre Mutter vor Ihrem geistigen Auge dazu, und erzählen Sie ihm/ihr alles, was Sie schon immer loswerden wollten. Sagen Sie all die Dinge, die Sie zu sagen haben, und fragen Sie alle anstehenden Fragen, die Ihnen auf der Seele brennen. Wenn Sie zu emotional werden, verlassen Sie einfach den Raum und betrachten das Ganze von außen. Das hilft Ihnen, wieder aus der sogenannten Reaktionsebene herauszukommen. Denn auf dieser Ebene bleiben Sie immer verfangen in den Projektionen; hier kommen Sie kein Stück weiter! Doch es geht nicht um Emotionen, die es auszuagieren gilt, es geht um das Erkennen, wer diese Person wirklich ist und was sie in Ihr Leben gebracht hat.

Vielleicht sind Sie einer der Menschen, die schon gelernt haben, dass alles ein Geschenk in sich trägt, egal, wie wir es beurteilen. Dann könnten Sie ergründen, was wohl dieses Geschenk sein mag, das der Vater/die Mutter da für Sie bereithält. Versuchen Sie, völlig fokussiert zu sein, fast meditativ, wenn Sie sich in diesem Raum aufhalten. Hören Sie genau auf die feine Stimme Ihres Unterbewusstseins, und hören Sie vor allem dem zu, was Ihr imaginärer Vater/Ihre imaginäre Mutter Ihnen mitzuteilen hat. In dem Moment, in dem Sie es schaffen, aus der Reaktionsebene herauszutreten und in die Bewusstseinsebene hineinzusinken, haben Sie einen Quantensprung gemacht, der Ihre gesamte Sicht der Dinge verändern wird. In der Bewusstseinsebene begegnen Sie Ihrem Vater/Ihrer Mutter nicht mehr als Personen, sondern als reine Seelen. Hier wird erkannt, die Zusammenhänge werden gesehen und hier gibt es den mühseligen Kampf nicht mehr, der Sie vielleicht schon sehr lange begleitet hat in der Beziehung zueinander.

Ich wünsche jedem Menschen auf der Welt das Erreichen dieses Raumes. Weil dieser Bewusstseinsraum der Seelenraum, der Raum der Liebe ist. Dort ist man verbunden mit dem gesamten

Universum, mit all dem Wissen und der Weisheit, mit der allumfassenden Liebe, und dort wird einem bewusst, was wirklich wesentlich ist in diesem Leben. Und egal, wie lange Sie brauchen, um diesen Raum in sich zu finden - ob Tage, Monate oder Jahre -, geben Sie nie auf, nach ihm zu suchen. Wenn Sie die Tür zum Raum des Vaters oder der Mutter gefunden haben, dann wissen Sie so viel mehr über all die Verbindungen, die Sie sich geschaffen haben, um auf Ihren ureigenen Weg zu kommen - mehr als Sie sich jemals erträumt haben. Aber auch, wenn Sie diese Tür noch nicht öffnen können, wird Ihnen die Arbeit in diesem besonderen Raum viel zeigen. Auf jeden Fall werden Sie dort ganz wesentliche Mosaiksteinchen finden, um später das Gesamtbild zu erschaffen.

Sie können hier Ihrem Vater/Ihrer Mutter auch etwas zurückgeben, was Sie jetzt nicht mehr brauchen in Ihrem Leben. Zum Beispiel werden Sie beim Betrachten der Eigenschaften ganz schnell festgestellt haben, dass es da einige Übereinstimmungen gibt zwischen den Eigenschaften Ihres Vaters/Ihrer Mutter und Ihren eigenen. Schreiben Sie jede gemeinsame Eigenschaft auf einen gesonderten Zettel, und geben Sie diesen dann im Raum dem Vater/der Mutter zurück. Jeden einzelnen! Hierfür brauchen Sie unbedingte Ehrlichkeit mit sich selbst, Wahrhaftigkeit. Eine gute Idee wäre es, diese Zettel im Raum zu verbrennen, also treffen Sie Vorkehrungen, dass dies dort ohne Gefahr geschehen kann.

Zum Schluss ist es noch von eminenter Wichtigkeit, dem Vater/der Mutter die Verantwortung für Ihr eigenes Leben wieder zu entziehen. Machen Sie sich klar, dass keiner von beiden mehr schuld ist an Ihrem derzeitigen Zustand. Gehen Sie in die Selbstverantwortung - und bleiben Sie dort! Verabschieden Sie sich von all den Schuldzuweisungen, die Sie den Eltern haben angedeihen lassen. Sie brauchen sie jetzt nicht mehr. Nutzen Sie diesen Raum ab sofort, sooft Sie ihn benötigen. Und wenn Ihr Vater oder Ihre Mutter noch lebt und Sie sie öfters einmal sehen, dann wundern Sie sich nicht über die Veränderung, die in ihnen vorgeht. Das ist ganz normal. So ist der Weg: Von innen nach außen geschehen die Veränderungen, niemals umgekehrt!

Zum Thema Schuld und Schuldzuweisungen wäre auch noch Folgendes wichtig: Wenn Sie mit der Elternenergie arbeiten, werden Sie ganz schnell festgestellt haben, dass es hier die größten Schuldzuweisungen gibt. Entweder sehr offen formuliert oder eher versteckt hinter großer Bewunderung und Verehrung und all den Spielarten, die wir benutzen, um nicht wirklich zuzugeben, was in uns brodelt. Einige unter Ihnen werden jetzt sagen, die Eltern seien nicht das Problem, es sei eher Ihr Partner. Da kann ich nur antworten: Schauen Sie sich doch einmal die Energie Ihres Mannes oder die Ihrer Frau an, und vergleichen Sie diese mit der Energie der Eltern. Ich bin mir fast sicher, dass alle Beteiligten ähnliche Überschriften haben. Der Ursprung ist meistens in der frühesten Kindheit verankert und findet seine stetige Wiederholung im Außen, bis wir es endgültig gelernt haben - bis wir gelernt haben, dass alles, was uns auf die Palme bringt, nur dazu da ist, um uns den Weg zu weisen. Zurück zu uns selbst!

Erinnern Sie sich an den ersten Grundsatz, den ich im ersten Teil des Buches beschrieben habe? Hören Sie auf mit den Schuldzuweisungen! Und überhaupt sollten wir einmal aufhören mit der Schuld! Auch auf die Gefahr hin, mich hier zu wiederholen, es kann einfach nicht oft genug gesagt werden: Es ist nur ein gesellschaftliches, religiöses und moralisches Konzept! Mehr nicht. Und überhaupt: Gibt es sie wirklich, hat irgendjemand im Außen definitiv die Schuld für irgendetwas alleine zu tragen? Ist es nicht eher so, dass wir immer noch gemeinschaftlich zulassen, dass etwas geschieht, wofür wir dann den einen Schuldigen ausmachen können? Und da sind wir auch schon wieder bei unseren Eltern. Ist die Mutter nicht schuld daran, dass ich nie richtig geliebt wurde? Oder der Vater, dass ich zu nichts tauge, dass ich so ein Versager bin? Haben sie mir dieses oder jenes nicht gegeben oder mir ständig etwas eingeredet? Und deshalb bin ich heute leider so, wie ich bin? Ist das wirklich wahr? Würden Sie auch sagen: "Meine Mutter ist doch selbst schuld, dass ich friere, warum kauft sie mir keine Handschuhe?!" Lassen Sie diesen Satz einfach einmal kurz auf sich wirken ...

Wo sind wir also, wenn die Schuld als solches entfällt? Genau das ist die Frage, die Sie sich jetzt stellen sollten, falls Sie sich immer noch als Produkt Ihrer danebengegangenen Erziehung und Familie betrachten. Wer sind Sie ohne diese Schuld? Und wer oder was wären Sie, wenn Sie sich zu allem Überfluss auch noch genau diesen Vater und diese Mutter selbst ausgesucht hätten? Atmen Sie tief durch, und beantworten Sie sich diese Frage einmal in Ihrem Inneren. Vielleicht erst einmal nur als Theorie oder als eine neue Perspektive in Ihrem Leben. Und wenn dann auch noch die Möglichkeit hinzugenommen werden könnte, dass die Lieblosigkeit der Mutter nur aus dem Grund in Ihrem Leben ist, dass Sie die Liebe erfahren möchten - na? Sind Sie dann nicht selbst "schuld" an allem, was Ihnen so widerfahren ist im Leben?

Damit sind wir bei der tief greifendsten Schuldzuweisung angekommen: bei der Schuld, die man sich selbst gibt! Und die wirkt garantiert am heftigsten in Ihrem Dasein. Aber wenn es überhaupt keine Schuld gibt, wie kann ich mich dann selbst so schuldig machen? Erkennen Sie dieses vernichtende Konzept? Ein Konzept, das uns alle nicht wirklich auf den Weg zu unserem Glück führt, sondern einfach nur dazu da ist, um uns genau dort zu halten, wo wir nichts zum Lernen vorfinden, sondern nur zum Reagieren: im Mangel, im Unglück, auf der Ebene der Reaktion, im Unbewussten. Jetzt ist der Zeitpunkt gekommen, um mit diesem überholten Konzept aufzuräumen! Jetzt! Befreien Sie sich und Ihre Eltern von jeglicher Schuld! Schaffen Sie Raum für die neue Perspektive in Ihrem Leben, werden Sie selbstverantwortlich! Dann werden Sie fähig sein, die Zusammenhänge zu erkennen. Dann werden sogar die Blinden unter Ihnen plötzlich erkennen, um was es eigentlich wirklich geht in Ihrer Inkarnation. Machen Sie den angeblichen

Mangel zu Ihrem Wegweiser in die Fülle! Ersetzen Sie das Wort Schuld durch ein passenderes Wort: IMPULS.

Schreiben Sie jetzt einmal ganz spontan zehn Sätze mit Schuldzuweisungen an Ihre Eltern auf. Nun betrachten Sie die Schuld nicht als Schuld, sondern als hilfreichen Impuls, und nehmen Sie dann die Perspektive der eigenen Verantwortung mit hinzu - dann bekommen Sie die Überschrift Ihrer Aufgabe gleich mitgeliefert: Wenn mir Lieblosigkeit begegnet, dann ist es meine Aufgabe, daraus Liebe zu machen. Aus Verachtung wird Achtung, aus Ablehnung Anlehnung und aus Misstrauen Vertrauen. Jetzt schauen Sie sich einmal diese Sätze an, die Sie so spontan über Ihre Eltern geschrieben haben. Und gehen Sie raus aus der Schuldzuweisung, betrachten Sie alles, was Ihnen da widerfahren ist, als Hinweis auf das, was Sie als eine Ihrer Aufgaben finden wollten.

Im Grunde ist alles genauso gekommen, wie Sie, wie die Welt es brauchte oder wollte, um sich einen Aspekt, den Sie lernen wollten, näher betrachten zu können. Und den Ursprung jeder Schuld erfahren wir meistens durch unser Elternhaus, egal, ob die Eltern Schuld auf sich geladen haben oder ständig andere für schuldig erklärt haben. Hier ist der Ort, wo wir uns mit diesem Thema zuerst auseinandersetzen. Deshalb sollte dieser Raum, der Raum der Schuld, sehr genau von Ihnen unter die Lupe genommen werden. Hier sind die größten Mangelzustände auszumachen. Und dies sind die besten Impulse für Sie, um an Ihre wahren Aufgaben heranzukommen. Ein wahrlich großartiges Hilfsmittel auf Ihrem Weg!

Das ewige Stirb und Werde

Das Thema Sterben und Tod ist bei den meisten Menschen ein ungeliebtes. Mit dem Tod möchte man nicht so gern zu tun haben. Nicht mit dem Tod eines geliebten Menschen und schon gar nicht mit dem eigenen. Die wenigsten Menschen beschäftigen sich eingehend mit dieser Materie, nur manchmal kommt man damit in Berührung, und es ist stets mit Trauer und Dunkelheit, Abschied und Loslassen verbunden. Falls es nötig ist, setzt man sich in Form eines Testamentes mit dem eigenen Tod auseinander. In diesem Dokument muss man dann festhalten, was man will. Der letzte Wille.

Um ein vollständiges Bild von sich selbst zu erhalten, kommt man am Thema "Tod" aber nicht vorbei. Es geht hier allerdings nicht nur um den einen Tod, sondern um die vielen, vielen Tode, die man im Laufe seines Lebens stirbt. Wir wollen den Tod auch nicht von der erschreckenden Seite aus betrachten, sondern von der Warte aus, von der aus wir erkennen können, dass er etwas ganz Wertvolles für uns bereithält. Der Tod bringt uns zurück zum Wesentlichen! Hier fällt alles Materielle weg. Es ist egal, wie viel Geld oder Häuser Sie haben, es ist egal, wie viele Schulden oder beschwerliche Lasten Sie mit sich herumgeschleppt haben. Der Tod ist ohne jede Materie! Und das ist sein großes Geschenk. Im Angesicht des Todes wird alles unwichtig, was uns so lange so sehr beschäftigt hat, dass wir vergessen haben zu leben. Wirklich zu leben, das Wesentliche zu leben.

Stellen Sie sich einmal vor, heute wäre Ihr letzter Tag auf dieser Erde. Was genau würden Sie dann tun? In meinen Seminaren habe ich schon die unglaublichsten Dinge gehört. Da wird erzählt, dass man unbedingt noch nach Neuseeland fliegen muss, noch schnell das tolle Auto kaufen muss, weil man es sonst niemals gefahren ist, dass man dem Chef seinen ganzen Kram hinschmeißt, weil man sich nun endlich traut ... Jetzt kommen wir der Sache schon etwas näher ... Schauen Sie einmal zurück, und betrachten Sie die Menschen, die Ihnen begegnet sind. Was sollte da noch erledigt werden? Was haben Sie bis zum heutigen Tag hinausgezögert und nicht ausgesprochen, was haben Sie nicht getan, was eigentlich wichtig gewesen wäre? Es gibt so viele Konflikte im Laufe des Lebens. Ist noch irgendjemand da, dem man etwas Wichtiges zu sagen hätte, würde man noch wissen, wo derjenige wohnt oder ob diejenige wieder mit einem spricht? Was sind die wesentlichen Dingc, dic Sic hinterlassen? Haben Sie genug Liebe hervorgebracht, genug Freude, und waren Sie anderen Menschen eine Hilfe? Welche Botschaften haben Sie verbreitet, und welche wichtigen Informationen haben Sie einfach für sich behalten, nur weil Sie vielleicht meinten, Sie wären selbst nicht wichtig genug, um sie weiterzureichen? Wo ist der wirkliche und wahrhaftige Sinn in Ihrem Leben, wenn Sie einmal das ganze Materielle zur Seite schieben? Sie merken schon, wir sind schon wieder mitten in einer neuen Liste, die uns wiederum ein großes Stück näher an uns selbst bringt.

Einer meiner Lehrer, Silver Fox, ein Cherokee Eldest, hat immer gesagt: “Jeder Tag ist ein guter Tag zum Sterben.” Und er hatte recht damit! Wenn wir jeden Tag so leben würden, als ob wir morgen nicht mehr da wären, wie würden wir dann mit all den Menschen umgehen, die mit uns leben und wirken? Der Tod scheint endgültig zu sein. Wenn der Zeitpunkt gekommen ist, dann haben Sie etwas vollendet! Daran glaube ich ganz fest. Sie haben Ihr Soll erfüllt! Entweder in die eine Richtung oder in die andere. Kein einziger Schritt war mehr nötig, um das, was Sie lernen wollten, zu begreifen oder eben nicht zu verstehen - auch in diesem Fall geht es meist nicht weiter. Und wenn Sie also vor Ihrem Tod noch etwas zu sagen hätten, was wäre das? Und an wen wäre es gerichtet? Schreiben Sie ruhig einmal eine Rede, quasi Ihre Totenrede, und dann lesen Sie sich feierlich vor, was Sie sagen wollten! Machen Sie daraus ein kleines Ritual! Feierlich und tief!

Eine Teilnehmerin aus dem Seminar "Stirb und Werde" erkannte durch die Beschäftigung mit dem Tod, was sie unbedingt noch machen musste. Sie hatte über 15 Jahre keinen Kontakt zu ihrer Mutter gehabt. Die alte Frau war engstirnig und sogar schon etwas bösartig ihr gegenüber geworden im Laufe der vielen Jahre, die sie in Kontakt gewesen waren. Martina (Name geändert) konnte sich nicht verständlich machen und ihr auch nicht zeigen, wie sehr sie sich nach der Liebe der Mutter sehnte. Sie brach nach einem furchtbaren Streit den Kontakt völlig ab und fühlte sich irgendwie sehr befreit dadurch. Nun konnte sie endlich frei atmen und die Dinge unkommentiert und unbeurteilt tun, für die ihr - ständig konfrontiert mit dem Widerstand der alten Frau - der Mut gefehlt hätte. In dem Seminar allerdings wurde Martina noch einmal ganz deutlich vor Augen geführt, dass es für sie selbst wichtig ist, der Mutter mitzuteilen, wie sehr sie sie liebt und wie dankbar sie auch dafür ist, dass sie ihre Mutter ist. Egal, ob diese das nun versteht oder nicht. Es wurde klar, dass es nur um die Gefühle von Martina ging und nicht um irgendeine Abrechnung!

Ein paar Wochen nach dem Kurs besuchte mich Martina und erzählte mir eine erschütternde Geschichte: Gleich nachdem sie wieder zu Hause war, rief sie ihre Mutter an. Sie erfuhr von der Tante, die auch dort wohnte, dass die Mutter bereits seit drei Wochen schwer krank im Krankenhaus lag und dass sie nicht mehr lange zu leben hätte. Völlig geschockt fuhr Martina dann sofort am nächsten Tag zu ihrer Mutter. Und zu ihrer großen

Überraschung freute sich die Mutter, sie zu sehen. Sie verbrachten von nun an jeden Tag miteinander und erzählten, erzählten und erzählten. Es waren meist traurige Gespräche, die mit viel Tränen einhergingen, aber durch das Miteinander kamen beide in die Tiefe ihrer Gefühle.

Martina sorgte rührend für ihre Mutter, und sie redeten sich den ganzen Schmerz der letzten Jahre von der Seele. Beide. Es wurde zu der intensivsten und heilsamsten Zeit, die die zwei Frauen jemals miteinander verbracht hatten. Die Mutter war im Angesicht des nahen Todes auf das Wesentliche ausgerichtet und konnte über viele, viele Schatten springen, die bisher immer zwischen den beiden gestanden hatten. So kam es, dass Martinas Mutter zwei Wochen später in den Armen ihrer Tochter starb. Ihre letzten Worte waren: "Ich werde dich immer lieben." Martina wurde reichlich beschenkt. Sie war damals bereit gewesen, der Mutter, auch wenn diese abweisend gewesen wäre, ihre Liebe und Dankbarkeit entgegenzubringen. Diese tiefe Entscheidung, die ganz ehrlich und fest in ihrem Inneren getroffen worden war, veränderte das Außen, sodass sie einen so wunderbaren Abschied miteinander haben konnten.

Wenn Sie vor einer schwierigen Situation oder einer bedeutsamen Entscheidung stehen, dann ist es immer von größter Wichtigkeit, diese Entscheidung zuallererst in Ihrem Inneren zu treffen. Sie wären erstaunt, was sich dadurch im Außen verändert, ohne dass Sie noch viel mehr tun müssten. Wir alle haben ganz viele solcher Entscheidungen getroffen und sind dadurch auch viele kleine Tode gestorben. Aber genau diese kleinen Tode sind etwas anderes als der letztendliche, finale Tod: Sie sind Hinweise zur Veränderung! Wenn wir das begreifen, dann müssen wir beim nächsten Drama, bei der nächsten Wiederholung einfach nicht mehr sterben. Wir können uns dann wie Phönix aus der Asche emporschwingen und neue Länder, Räume, Erfahrungen in uns zulassen und erkunden. Und wie im Kleinen, so ist es auch im

Großen. Verlassen wir eines Tages unseren jetzigen Körper, dann haben wir hoffentlich eine wunderbare Veränderung im Gepäck. Eine Veränderung, die nicht nur uns dienlich ist, sondern der Schwingung der gesamten Welt!

Nachdem wir jetzt ja schon so viele Steinchen unseres Lebensmosaiks gefunden haben, können wir erkennen, dass sich die meisten unserer Tode oder Dramen wiederholt haben. Und das zwar meistens etwas versteckt und nicht leicht auszumachen, doch in einem immer wiederkehrenden Zyklus. Und den wollen wir uns nun zum Schluss einmal genauer betrachten.

Der Zyklus des Lebens

Vorab sollten wir uns noch einmal ins Bewusstsein rufen, dass wir meist aus zwei Räumen heraus handeln: dem bewussten und dem unbewussten Raum. In meinen Seminaren mache ich im Einstiegskurs eine ganz kleine Übung: Wir betreten den Raum der Realität, des Überbewussten, und schauen uns die letzten fünf Jahre unseres Daseins einmal etwas genauer an. Wir befinden uns zu jeder Zeit im Seminarhaus, und doch treten wir ganz bewusst in einen von uns geschaffenen Raum, der eventuell mit Kissen oder Decken oder mit Klebeband deutlich markiert ist. Das, was wir dort finden, sind Erinnerungen an die Hauptereignisse der letzten Zeit. Ich fordere die Teilnehmer dann immer auf, die sogenannten Überschriften zu notieren, wenn sie den Raum wieder bewusst durch einen Schritt über die "Schwelle" (Kissen, Decken, Klebeband ...) verlassen haben. Später bauen wir einen neuen Raum, wieder aus denselben Kissen und Decken wie zuvor, nur minimal anders angeordnet, und nennen diesen dann: den Raum des Unterbewussten. Hier machen wir dasselbe: Wir betrachten die letzten fünf Jahre.

Sie wären erstaunt, welche Unterschiede dabei herauskommen. Es tauchen nicht nur andere Erfahrungen und Überschriften auf, sondern auch längst vergessene Personen oder Familienmitglieder, an die man vorher gar nicht gedacht hat. Das verändert die ganze damit verbundene Erfahrung schlagartig; sie wird deutlicher, und ich nenne das dann auch “tiefer”. Es ist eine kleine, einfache Übung, die immer wieder aufs Neue großes Erstaunen auslöst, und wir befinden uns, wie ich bereits erwähnte, ja immer im Seminarraum. Hier wird nicht mit Tiefentrance gearbeitet, sondern lediglich mit der Fokussierung auf einen bestimmten Zeitraum. Und doch sind ganz deutlich Unterschiede zu erkennen in der Wahrnehmung. - Wie wäre es, wenn wir beide Räume zusammenbringen und sie quasi in unsere tagtägliche Realität einbringen könnten? Wir wären dadurch auf jeden Fall bewusster, viel bewusster im Umgang mit all den Erfahrungen und Erkenntnissen, die in uns abgespeichert sind.

Wenn wir mit genau dieser Bewusstheit nun noch einmal unser gesamtes Leben Revue passieren lassen und die von uns gefundenen Überschriften einmal alle auf ein einziges Blatt schreiben, werden wir unweigerlich erkennen, dass wir unsere Dramen und Aufgaben stetig wiederholt haben - meist in leicht abgeänderter Form, aber die Grundzüge waren und sind immer dieselben geblieben. Deutlich erkennbar entsteht hierbei dann ein zyklisches Muster, das sich stetig wiederholt. Mit anderen Worten: Wir machen die meisten Erfahrungen immer wieder. Wir sind Wiederholungstäter. Aber nicht nur wir. Betrachten wir dann auch noch die Überschriften unserer Ursprungsfamilie, unserer Partnerschaften und engen Freunde, stellen wir erstaunt fest, dass sie uns meist genau die Hauptüberschriften gespiegelt haben und beteiligt waren am stetigen Wiederkäuen der Ereignisse.

Machen Sie sich ruhig einmal die Arbeit, und tragen Sie die wichtigsten Erfahrungen - ich nenne sie Überschriften - in einer Zeitskala von Ihrer Geburt bis zu Ihrem jetzigen Lebensalter ein. Sie werden feststellen, dass Sie einem ganz bestimmten Rhythmus folgen. Ich bin ein Mensch, der sich sehr gerne in 10er-Zahlen wiederholt: Partnerschaften, Großereignisse wie Erfolge und Misserfolge, Umzüge. Welchen Rhythmus können Sie bei sich selbst ausmachen? Nehmen Sie nun eine erweiterte Zeitskala mit den Daten bis zu Ihren Großeltern. Vielleicht kennen Sie ja genügend Details, um auch hier einen Zyklus zu erkennen. Und ist der verknüpft mit Ihrem eigenen? Gehen Sie einmal in sich, und betrachten Sie die wellenförmigen Bewegungen, in denen Sie Ihre Dramen kreierten und in denen Ihre Familie, soweit Sie es in Erfahrung bringen konnten, Ihren Lebensrhythmus gelebt hat. Es wird Ihnen wie Schuppen von den Augen fallen, dass die Wellenbewegungen sich deutlich erkennbar in bestimmten Zeiträumen wiederholen. Ob es sich nun um Krankheiten in der Familie oder den Tod eines Familienmitglieds handelt, ob es um den Heimatverlust oder Geburtenzyklen geht. Sie werden ohne Ausnahme einen eigenen Rhythmus, den Rhythmus Ihres Lebens feststellen können.

Oft kommen auch noch unglaubliche Synchronizitäten hinzu. Ein guter Freund hat einmal, angeregt durch das Lebensmosaik, so einen Familienrhythmus erarbeitet und ist zu schier unfassbaren Übereinstimmungen gekommen. Zuerst stellte er anhand seiner eigenen Lebensgeschichte fest, dass er einem regelmäßigen Rhythmus von circa 14 Jahren folgt. Er ist ein Großbauer und hat zwei Mal in seinem Leben geheiratet. Die erste Frau starb bei der Geburt der ersten Tochter, genau 14 Jahre später wäre beinahe die zweite Frau bei der Geburt des Nachzüglers verblutet. Insgesamt hat er vier eigene Kinder und ein Stiefkind, das seine zweite Frau mit in die Ehe brachte. Bei der Erforschung der Familiengeschichte seiner Großeltern kam er darauf, dass sein Großvater im selben Alter wie er geheiratet hatte und seine erste Frau im Kindbett verlor. Er heiratete wieder und verlor die zweite Frau genau 14 Jahre später - bei der Geburt des Nachzüglers. Auch der Großvater hatte im Übrigen vier eigene Kinder und ein Stiefkind. Genau dieses Stiefkind machte der Familie später großen Kummer, weil es seinen Erbteil einfach verschleuderte und den Hof dadurch in Gefahr brachte.

Auch mein Freund hatte große Schwierigkeiten mit dem jetzigen Stiefkind, das er aufgezogen hatte wie seinen eigenen Sohn, doch durch das Erkennen der Wiederholungen in dieser Familie konnte er die Ansprüche, die er an diesen Stiefsohn hatte, zurückschrauben, und die bis dato vorherrschenden Schwierigkeiten lösten sich quasi in Luft auf. Er wollte um keinen Preis der Welt die Geschichte wiederholen und den Hof ein zweites Mal in Gefahr bringen. Dadurch, dass er den Stiefsohn aus der Pflicht entließ, als Hoferbe einzutreten, wurde eine riesige Welle der Erneuerungen in diese Familie gespült. Die zweitälteste Tochter, also eigentlich die wirkliche Erstgeborene, übernahm mit Freuden die Stelle der zukünftigen Hoferbin und brachte durch ihr enormes Engagement völlig neuen Schwung in den Betrieb. Also erforschen Sie genau, welchem Rhythmus Sie folgen und wie er dem Rhythmus Ihrer Familie gleicht - über viele Generationen. Sie werden Erstaunliches erkennen können.

Diese Zeitwellen beschreiben schon die Mayas in ihren unglaublich genauen Aufzeichnungen, die ihren Höhepunkt im Mayakalender finden. Aber auch die vedischen Schriften und viele andere alte Lehren beschreiben die Zyklen, denen alles unterworfen ist. Die Hopi-Indianer berichten in ihren Prophezeiungen von Weltgeschehnissen, die sich zu ihrer Zeit niemals abzeichnen konnten. Sie errechneten sie dennoch - einfach anhand der sich stetig wiederholenden Zyklen der Welt. Und durch das Erfassen dieser Rhythmen und Zyklen können wir sogar die Zukunft betrachten und uns ausrechnen, wann es wieder zu solch einem Ereignis kommen könnte - in der Welt und vor allem in Ihrer Familie und in Ihrer eigenen Lebensgeschichte. Und wenn wir derart bewusst mit diesen Geschehnissen umgehen, dann können wir sie auch verändern. Genauso verhält es sich mit unseren Mustern, die nur so lange wiederkehren, bis wir sie wahrlich verinnerlicht haben. Erkennen Sie jetzt das System dahinter?

Deshalb haben wir die vielen, vielen Steinchen unseres Lebensmosaiks akribisch genau gesammelt und zusammengefügt. Jetzt, hier an dieser Stelle, wird ein wirkliches Bild daraus. Ein Bild, das uns sogar befähigt, Veränderung in unsere Geschichte einfließen zu lassen - Veränderung, die es uns ermöglicht, glücklicher und sanfter durch unser Leben zu schreiten. Wir werden nicht mehr im Netz der stetigen Wiederholungen hängen bleiben, sondern völlig neue Richtungen einschlagen können. Richtungen, die neue Türen in uns öffnen, Türen, die vorher nicht einmal denkbar gewesen wären. Doch plötzlich öffnen sie sich für uns, und wir müssen sie nur noch durchschreiten. Die Einladung dazu haben wir uns selbst erteilt.

Was ist zu tun?

Nun stehen die meisten von Ihnen vielleicht zum ersten Mal vor einem erkennbaren Bild Ihrer selbst. Sie sehen sich nicht mehr aus der Perspektive der Gesellschaft, nicht mehr aus der Perspektive des Materiellen und nicht mehr aus der Perspektive der Schuld. Nein, wir betrachten uns von der Ebene des Wesentlichen, der Gesamtheit, von der Ebene des Universellen, des wahren Ursprungs unseres Seins. Dieses Bild kann einzig und allein nur dadurch entstehen, dass wir uns selbst und unsere Lebensgeschichte einmal genau und fokussiert betrachtet haben. Und plötzlich stellen wir fest, dass die Beschäftigung mit uns selbst auch die Lösungen für die Konflikte und Ereignisse in unserer Weltengemeinschaft in sich trägt! Nur was ich selbst verändert habe - in mir -, findet auch eine Entsprechung im Außen.

Bedenken Sie in Zukunft immer eines: Ihre Gedanken und Handlungen beeinflussen Ihr Herz, und Ihr Herz beeinflusst den Lauf der Welt. Nur durch die Liebe, die entsteht, wenn Sie bereit sind, Ihre Aufgaben zu bearbeiten und Ihren ureigenen Weg zu gehen, kann wirkliche Veränderung stattfinden. Und diese Veränderung benötigen wir, um das, was momentan geschieht, so zu durchdringen, dass es wieder möglich ist, als Mensch unter Menschen auf unserer wunderbaren Erde zu bestehen. Wir benötigen dazu eine radikale Veränderung unseres bisherigen Denkens und vor allem unseres Fühlens.

Alles ist Schwingung, und unsere derzeitige Schwingung spiegelt sich in all den katastrophalen Umständen, in denen wir uns zur Zeit befinden. Die große Armut auf der einen Seite und der übertriebene Reichtum auf der anderen Seite sind gute Beispiele für die Unausgeglichenheit in unserem Inneren. Das Universum ist die Fülle, aber Fülle bedeutet möglicherweise etwas anderes als materieller Besitz! Das Streben nach dem schnöden Mammon bringt uns keinen Schritt näher an das, was wir Liebe nennen. Unser Ungleichgewicht stört das magnetische Feld der Erde wahrscheinlich stärker als jede Sonneneruption es vermag. Nur unser Herz, unsere Gefühle vermögen, dies wieder ins Gleichgewicht zu bringen. Wie schon einmal erwähnt, gibt es Untersuchungen, die deutlich zeigen, dass unsere Herzen ein 5000-mal stärker messbares Kraftfeld abstrahlen als unser Gehirn. Und wir haben es in der Hand: Lassen wir weiterhin die Moral, die Vernunft, die gesellschaftlichen Vorgaben und das Ungleichgewicht herrschen auf dieser Welt? Oder machen wir uns auf und öffnen die Tür zu einer neuen Dimension, die zu Menschlichkeit, Achtsamkeit, einem Miteinander und letztendlich zu dem einzigen Ziel führt, für das wir dereinst einmal hergekommen sind: Liebe.

Wir leben alle momentan in einer der spannendsten Epochen der Menschheit. Wir haben alle Informationen, die wir benötigen, um handeln zu können. Wir sind freiwillig daran beteiligt, und wir können es tun! Wir können es natürlich auch lassen, dann wird es auch ein Ergebnis geben. Aber ich wage einmal zu behaupten, dass dieses Ergebnis nicht zu unserem Glück beitragen wird. Für eine sehr, sehr lange Zeit. Also, geben Sie sich einen Ruck, und fangen Sie an, Ihre Hausaufgaben zu machen. Schauen Sie nicht mehr nach außen, sondern nach innen. Ihre inneren Welten sind um ein Millionenfaches größer als das begrenzte Außen. Nur aus Ihrem ureigenen Innersten können die Lösungen kommen! Noch einmal: Der Weg geht immer von innen nach außen, niemals umgekehrt! Sie sind nicht zufällig in der Situation, in der Sie sich gerade befinden. Sie haben nicht zufällig diese Aufgabe erwählt, der Sie nachgehen. Sie befinden sich auch nicht zufällig in dieser Familie, in dieser Energie. Sie haben schon rein gar nicht zufällig diese Konflikte und dramatischen Erlebnisse. Nein! Sie haben das alles "nur" aus dem einen Grund: um dazu beizutragen, etwas zu verändern! Durch sich selbst, für die Welt, für das Einssein!

Es ist nicht mehr fünf vor zwölf, es ist sogar schon lange nach zwölf. Die Dinge geschehen bereits, wir sind mittendrin! Begreifen Sie das JETZT. Und begreifen Sie endlich, wer Sie wirklich sind. Wenn Sie das verstehen, dann werden sich die Zusammenhänge wie von selbst erschließen. Alles wird deutlich erkennbar, und wir sehen endlich unseren Anteil daran! Es ist jetzt nicht mehr der richtige Augenblick, um zu sagen: "Aber ich brauche noch etwas Zeit dafür ... ich habe solche Angst davor, mich selbst zu betrachten." Nein, handeln Sie jetzt! Schauen Sie sich alles an, was momentan zusammenfließt: die Lehren der Weisen, die prophetischen Vorhersagen, die wissenschaftlichen Erkenntnisse der letzten Zeit, die spirituellen Richtungen und die Erkenntnisse über die Kraft unserer Gedanken. Merken Sie, wie alles langsam zusammenkommt? Glauben Sie immer noch, dass dies ein Zufall ist?

Lernen Sie, sich zu betrachten als das, was Sie wirklich sind: ein unendlich machtvolles Wesen voller wahrhaftiger Liebe. Jeder Einzelne von uns kann zu der großen Bewusstwerdung beitragen. Ohne heiliges Getue und großes rituelles Brimborium, sondern einfach als der, der Sie sind und schon immer waren. Als Teil der gesamten Menschheit, als Teil allen Lebens auf dieser Erde, als Teil Gottes. Wir sind wie viele Zellen, die eine Gemeinschaft bilden; wir sind nichts anderes als EINS! Wir gehören zusammen und tragen gemeinsam zu unserem Fortbestand bei. JETZT, ab heute. Der Weg zu dieser Einheit führt ganz allein über das Betrachten und Begreifen unserer Lebensgeschichte, denn unsere Geschichte beinhaltet gleichzeitig alle Lösungen und vor allem unsere Aufgaben. Unser Leben ist eine Ausbildung, das Ziel dieser Ausbildung ist Bewusstheit - und diese Bewusstheit wird die Welt verändern.

Nehmen Sie teil an der Veränderung der Welt - JETZT!

Anhang:

Raum der Möglichkeiten

Raum der Möglichkeiten

Ich möchte Ihnen gern noch ein wenig Handwerkszeug mit auf den Weg geben. Im Laufe meiner Seminare ist eine Meditation besonders stark hervorgetreten: “Der Raum der Möglichkeiten”, eine geführte Reise in das tiefste Innere eines jeden Menschen. Dort können wir jede Information, jede Antwort abrufen, die wir zu unserem Weiterkommen benötigen. Alles ist hier möglich. Dieser innere Raum besteht aus ganz vielen Türen, die Sie öffnen oder schließen können, was auch immer gerade richtig erscheint. Jede dieser unzähligen Türen hat ein Türschild, auf dem die Energie steht, die dahinter verborgen ist. Es gibt Schilder für alles: Schilder mit dem Wort “Glück”, “Gesundheit”, “Liebe” und “Weisheit”, aber natürlich auch Schilder mit der Aufschrift “Krankheit”, “Verlust” und “Lieblosigkeit”, weil wir vielleicht genau diese Informationen am nötigsten brauchen, um weiterzukommen auf unserem ureigenen Weg. Oft kann uns speziell unsere Krankheit eine ganz deutliche Mitteilung machen, was es als Nächstes zu tun gibt. Also auch hier gilt: Es gibt nichts wirklich Negatives in Ihrem Leben!

Diese Meditation ist inzwischen derart beliebt als Hilfsmittel bei meinen Teilnehmern, dass sie den “Raum der Möglichkeiten” jedes Mal betreten, wenn sie einen nächsten Schritt planen. Ich selbst nutzte diesen Raum inzwischen auch für Einzelarbeiten außerhalb der Gruppen – mit erstaunlichen Erfolgen. Und dabei ist es ganz einfach! Ich beschreibe Ihnen einmal eine dieser Reisen, vielleicht können Sie sich das ja von einem Freund vorlesen lassen und einmal durcharbeiten. Am besten ist die ganze Reise im "Tigern" zu machen, was ich ursprünglich einmal erfunden habe, damit mir die Leute nicht immer gleich wegschlafen bei den Meditationen, besonders wenn man sie abends macht. Hierbei handelt es sich um ein ganz, ganz langsames Gehen, vergleichbar mit dem meditativen Gehen der Zen-Buddhisten. Am besten geht man mit fast geschlossenen Augen, trotzdem immer achtsam genug, um nicht über irgendwelche Menschen oder Gegenstände zu stolpern. Aber natürlich können Sie auch sitzen oder liegen, ganz wie es Ihnen gefällt.

> Gehen Sie ganz langsam - so langsam Sie können - vorwärts, atmen Sie einmal ganz tief ein und werden Sie dadurch noch ein bisschen langsamer. Gehen Sie weiter, und nehmen Sie wieder einen tiefen Atemzug, der Sie noch einmal viel langsamer macht und bei dem Sie noch tiefer in sich hineinsinken ...
>
> Nach einer kleinen Weile nehmen Sie einen noch tieferen Atemzug, und mit diesem Atemzug lassen Sie ganz langsam ein Bild von einer wunderschönen Blumenwiese vor Ihrem inneren Auge entstehen ... Nun betreten Sie diese Blumenwiese und werden sich der Wiese unter Ihren Füßen gewahr ... Gehen Sie langsam weiter ... Riechen Sie die vielen bunten Blumen ... Spüren Sie die Wärme der Sonne auf Ihrer Haut ... Fühlen Sie das saftige Gras unter Ihren Füßen ... Gehen Sie nun eine Weile so dahin, wobei Sie stets diese wunderschöne bunte Blumenwiese genießen ...

Nach einer Weile bemerken Sie in der Ferne ein großes, großes Gebäude ... Voller Freude gehen Sie jetzt langsam darauf zu ... Beim Näherkommen betrachten Sie sich genau alle Details dieses wirklich riesigen Gebäudes ... die Form, die Farbe, das Material, aus dem es gebaut ist ... Nehmen Sie es ganz deutlich wahr ... jetzt!

Sie spüren eine tiefe Sehnsucht, in dieses Gebäude zu gelangen, und wissen, dass dies ein ganz besonderer Moment auf Ihrem Weg ist ... Mit klopfendem Herzen gehen Sie immer freudiger auf das Gebäude zu ... Sie entdecken ein riesiges Tor, das hineinführt in das Gebäude ... Voller Erwartung gehen Sie direkt auf das Tor zu ... Betrachten Sie auch dieses sehr genau ... Aus welchem Material ist es? ... Hat es ein Schloss? ... Welche Farbe hat es? ... Welche Form? ... Und, während Sie noch über all die Details nachdenken, öffnet sich dieses Tor von selbst ... Voller Erwartung und mit klopfendem Herzen betreten Sie nun das riesige Gebäude ... Jetzt!
In dem Moment, in dem Sie es betreten haben, schließt sich das Tor hinter Ihnen wieder ... Und mit einem Mal wissen Sie ganz instinktiv, wo Sie sich gerade befinden: Sie sind im Raum der Möglichkeiten. Im Raum aller Möglichkeiten, die Sie jemals gehabt haben und haben werden, um all die vielfältigen Aufgaben in Ihrem Leben zu meistern ... Sie wissen ebenso instinktiv, das Sie hier alle Informationen und Antworten auf alle Fragen, die für Sie wichtig sind, erhalten werden ... So stehen Sie nun in diesem großen Raum und wissen, dass dies ein großer Moment auf Ihrer Reise ist, Ihrer Reise zu sich selbst ... Voller Vertrauen und angeschlossen an all das Wissen, das Ihre Seele für Sie bereithält, verweilen Sie eine kurzen Moment in der Mitte des Raumes ... Sie

fühlen sich ein auf die Energie dieses wunderbaren Raumes ... Lassen Sie sich dafür ein wenig Zeit ...

Dann, ganz langsam, nehmen Sie wahr, dass der Raum umgeben ist von Tausenden und Abertausenden von Türen in allen Formen, Farben, Materialien und Größen, die Sie sich nur denken können ... Drehen Sie sich um sich selbst, und betrachten Sie alle Türen hinter sich, vor sich, vielleicht über sich, die Türen unten ... Achten Sie auch hier genau auf die Details ... Dann nehmen Sie wahr, dass eine jede Tür ein Schild trägt mit einer Aufschrift ... Gehen Sie einmal näher heran, und lesen Sie, was auf den Schildern steht ... Es gibt Türen mit der Aufschrift "Liebe", solche mit "Glück", "Geborgenheit", "Vertrauen", es gibt Türen mit der Aufschrift "Schönheit", "Weisheit", "Selbstbewusstsein" ... Es gibt auch Türen mit einer scheinbar nicht so schönen Aufschrift, wie zum Beispiel "Krankheit", "Verlust", "Mangel", "Versagen", und natürlich gibt es auch Türen mit allen möglichen Ängsten ... Schauen Sie, welche Türen vor Ihrem inneren Auge auftauchen ... Sie wissen, dass hinter jeder Tür eine ganz wichtige Information auf Sie wartet, die ganz wesentlich zu Ihrem Weiterkommen auf Ihrem Weg beträgt ... Hier in Ihrem Raum der Möglichkeiten - Ihrer Möglichkeiten - kann nichts geschehen, was Ihnen schaden könnte, es ist der Raum, in dem sich Ihre Seele direkt mit Ihnen in Verbindung setzt, und Ihre Seele wird niemals etwas tun, was Ihnen schadet!

Dies ist ein ganz tiefes Wissen, was sich da gerade in Ihnen ausbreitet ... So gehen Sie jetzt langsam herum in Ihrem Raum aller Möglichkeiten, die Ihnen zur Verfügung stehen in Ihrem Leben, und betrachten Sie aufmerksam alle Türen, die Ihnen begegnen ... Jetzt!

Nach einer Weile suchen Sie sich die Tür mit der Aufschrift "Nächster Schritt auf meinem Weg". Auch hier wissen Sie, dass diese Tür existiert ... Wenn Sie nun diese Tür gefunden und genau betrachtet haben, dann fassen Sie sich ein Herz und öffnen sie ... Jetzt! Betreten Sie den Raum, und nehmen Sie die dort herrschende Energie tief in sich auf ... Sie wissen auch hier, dass Ihnen nichts geschehen kann in diesem geschützten Raum ... Schauen Sie sich um ... Welche Form hat der Raum zum nächsten Schritt auf Ihrem Weg? ... Welche Farbe? ... Stehen irgendwelche Gegenstände darin? ... Betrachten Sie genau ... Gibt es irgendwelche Personen darin? ... Wesenheiten? ... Tiere? ... Pflanzen? ... Nehmen Sie alles deutlich wahr ... Nun lassen Sie langsam eine Frage in sich entstehen, die zu der Aufschrift, der Energie dieses Raumes passt ... Und Sie wissen, dass Sie die Antwort erhalten werden ... Stellen Sie die Frage JETZT! ... Lauschen Sie der Antwort ... Wenn es noch die eine oder andere Frage gibt, stellen Sie sie jetzt! ... Und auch hier erhalten Sie die Antworten ...

Dann schauen Sie sich noch einmal um, und vielleicht entdecken Sie ja etwas, was Sie benötigen und mitnehmen möchten? Einen bestimmten Gegenstand, ein Kraftobjekt, oder Wort, ein Symbol oder etwas, was sie schon immer haben wollten zu Ihrer Unterstützung ... Wenn Sie wollen, nehmen Sie das jetzt mit ... Spüren Sie nun ein letztes Mal die Energie dieses Raumes, und lassen Sie sie auf sich wirken ... Wenn Sie fertig sind mit all den Dingen, die hier getan werden mussten, drehen

Sie sich noch einmal um und danken Sie dem Raum für alles, was er an Informationen für Sie bereitgehalten hat ... Dann verlassen Sie diesen Raum ... immer in dem Wissen, ihn jederzeit wieder betreten zu können ... wann immer Sie wollen und es benötigen ...

Schließen Sie die Tür hinter sich, und gehen Sie ein bisschen weiter an den anderen Türen vorbei. Vielleicht fällt Ihnen ja eine Energie ein, die Sie zu Ihrer Unterstützung in Ihrem Leben brauchen, dann suchen Sie die Tür mit der passenden Aufschrift ... Vielleicht benötigen Sie ja Fülle oder Liebe oder Kraft? ... Gehen Sie zu all diesen Türen, und öffnen Sie diese ganz weit ... Seien Sie ruhig sehr großzügig mit sich ... Öffnen Sie alle Türen, deren Energien Ihnen einen Schub geben können auf Ihrem Weg ...

Wenn Sie dies getan haben, suchen Sie alle Türen mit den Energien, die Sie momentan nicht benötigen in Ihrem Leben ... und schließen Sie diese. Immer in dem Wissen, dass Sie sie jederzeit auch wieder öffnen können, um wertvolle Informationen zu erhalten ... Auch hier sollten Sie wirklich großzügig mit sich selbst sein ... Nehmen Sie sich die Zeit für all diese Türen, die Sie dafür brauchen ...

Wenn Sie alles erledigt haben, was es momentan zu erledigen gibt, gehen Sie noch ein letztes Mal in die Mitte Ihres Raumes der Möglichkeiten und bedanken sich bei ihm ... Dann schauen Sie sich nach dem großen Tor um, das jetzt den Ausgang bildet, und gehen Sie dorthin ... Wie von magischer Hand bewegt, öffnet sich das Tor wieder von selbst, und Sie können hindurchschreiten ... hinaus auf Ihre wunderschöne Blumenwiese ... Draußen schließt sich das Tor hinter Ihnen wieder ...

Sie wissen, dass Sie den Raum der Möglichkeiten ab dem heutigen Tag immer wieder betreten können und dass Sie all Ihre Antworten und Informationen hier erhalten werden, wann immer Sie wollen ... Nun gehen Sie weiter auf Ihrer Blumenwiese, völlig beseelt und freudig, und vielleicht strahlen ja die Blumen jetzt in noch frischeren Farben als zuvor ... und vielleicht nehmen Sie die ganze Umgebung noch klarer wahr als beim Ankommen ... Gehen Sie nun tief beschenkt von all den Ereignissen und Antworten auf der Wiese weiter, und nehmen Sie dann einen tiefen Atemzug, um ein bisschen mehr in die sogenannte Realität zurückzukehren ... Noch eine tiefen Atemzug, der sie wieder den Boden des Raumes spüren lässt, in dem Sie diese Reise begonnen haben ... Beim nächsten tiefen Atemzug kehren Sie mit Ihrer gesamten Aufmerksamkeit zurück in die Realität ... Öffnen Sie die Augen ... Nehmen Sie den Raum mit vollem Bewusstsein wahr, schnipsen Sie mit den Fingern und stampfen Sie sanft mit den Füßen auf. Willkommen zurück!

Wenn Sie bereit dazu sind, schreiben Sie unbedingt Ihre Erfahrungen und Erlebnisse auf, und trinken Sie ein großes Glas Wasser ...

In diesem Raum der Möglichkeiten gibt es auch ganz spezielle Räume, die zu besuchen sich lohnt. In meinen Seminaren besuchen wir beispielsweise den “Planungsraum der Seele”. Dies ist ein immens wichtiger Raum, in dem man sich wirklich bewusst werden kann, dass alles von einem selbst geschaffen ist. Auch der "Raum des Herzens" ist einer der ganz wesentlichen Räume, die wir in unserem Innersten tragen. Aber ich bin mir sicher: Jeder Mensch hat seinen eigenen, ganz speziellen Raum, der am allerwichtigsten für ihn ist - am wichtigsten für das Finden des ureigenen Weges!

Empfohlene Literatur

Bach, Richard: *Frettchen in den Lüften*, Ullstein 2004.

Bays, Brandon: *The Journey - Der Highway zur Seele: Erweiterte und überarbeitete Neuausgabe,* Allegria 2012.

Drungowski, Gabriele-Saskia: *Mein Leben auf der Seife*, Schirner 2011.

Gamper, Karl und Jwala: *Es ist alles gesagt - jetzt braucht es Beispiele,* Edition Gamper 2007.

Hartmann, Thom: *Unser ausgebrannter Planet. Von der Weisheit der Erde und der Torheit der Moderne*, Riemann 2000.

Katie, Byron / Katz, Michael: *Ich brauche deine Liebe - stimmt das? Liebe finden, ohne danach zu suchen*, Goldmann 2012.

Kuby, Clemens: *Heilung - das Wunder in uns: Selbstheilungsprozesse entdecken*, Kösel 2005.

Lipton, Bruce: *Intelligente Zellen: Wie Erfahrungen unsere Gene steuern*, Koha 2006.

Megre, Wladimir: *Anastasia. Neue Zivilisation*, Silberschnur 2008.

Reiter, Peter Dr.: *Den Tiger reiten - Vision einer neuen globalen Ökonomie*, Via Nova 2009.

Shioya, Nobuo: *Der Jungbrunnen des Dr. Shioya,* Koha 2006.

Steffen, Peter: *Sepp Holzer - Der Agrar-Rebell und seine neuen Projekte in aller Welt*, Stocker 2007.

Über die Autorin

Gabriele~Saskia Drungowski (*1959) war klassische Tänzerin, arbeitete beim Fernsehen und beim Radio, züchtete Pferde und war im Sportmarketing einer Eishockeymannschaft tätig, bevor sie sich auf den Weg zu sich selbst begab.

Sie machte vielfältige Ausbildungen - Tanztherapie, Kinesiologie, Bioenergetik, Familienstellen, Schamanismus - und sammelte dabei enormes Wissen. Ihr ganzes Leben war sie angetrieben von einer tiefen Sehnsucht, ihren ureigenen Weg zu erforschen.

Nach einigen dramatischen Erfahrungen stand sie plötzlich ohne Geld und Aussicht auf Arbeit da. Aus dieser Situation heraus fing sie an zu schreiben. Ihr erstes Buch "Mein Leben auf der Seife" wurde zum Toptitel und Dauerseller.

Heute leitet sie - mit sehr großem Erfolg - im gesamten deutschsprachigen Raum Seminare, hält Vorträge und Lesungen zum Thema Bewusstseinsarbeit, Selbstverantwortung und das Finden des ureigenen Weges.

Bekannt geworden ist sie als "Seelenfreundin", weil sie einen jeden ganz nah an die eigene Seele führen kann.

Näheres über Gabriele~Saskia Drungowski und ihre Arbeit erfahren Sie unter: www.lebensmosaik.de.

Danksagung

Ich habe vielen Menschen zu danken, die mir immer ihre Unterstützung, Liebe und Hilfe gewährt haben.

Zuallererst möchte ich meiner “Ur-Gruppe” danken für ihre Offenheit, ihre Bereitschaft in tiefe Bewusstseinsschichten einzutauschen und dafür, das Erfahrene im Alltag anzuwenden, vor allem aber für ihre unsagbare Liebe. Danke Ina Leupertz, Tanja Leiber, Beate Albert, Johannes Noy, Heike Demmer, Annette Keders, Susanne Kohlen und Iris Stanke. Ohne Euch wäre das Lebensmosaik nicht zu dem geworden, was es jetzt ist!

Und dann gilt mein größter Dank natürlich noch einmal, explizit, der wunderbaren Ina Leupertz, die mir immer zur Seite gestanden, mich unterstützt hat und für mich schon lange zu einem vollwertigen Teil des Lebensmosaiks geworden ist. Du weißt, wie sehr ich Dich und Deine Arbeit schätze!

Ich möchte meiner Freundin Sonja Silber und ihrer Schwester Andrea Kronseder danken, dass sie mir bei der ersten Überarbeitung des Manuskriptes so großartig geholfen haben. Danke dass Ihr mir eure kostbare Zeit geschenkt habt!

Dann darf meine Freundin Erna Baumgarten nicht fehlen. Immer war sie da für mich, auf vielfache Weise. Ich danke Dir, dass ich Deine Freundin sein darf!

Birgit Elfers ist zur lieben Freundin geworden in ihrem unsagbaren Engagement für meine Gruppen und in ihrer liebevollen Großzügigkeit! Danke, Du Liebe!

Nicht vergessen darf ich Margo Bromont, ohne die dieses Buch nicht erschienen wäre. Hab vielen Dank für Dein liebevolles Engagement.

Und ein ganz besonderes Dankeschön geht auch an Angelika Singer, die mich völlig unerwartet und großzügig darin unterstützt hat, diese Arbeit ungestört weiter machen zu können.

Und dann möchte ich noch allen Teilnehmern meiner Seminare und meinen Lesern ein ganz großes Dankeschön sagen. Die vielen Mails, Gästebucheinträge und Rezensionen von Ihnen allen haben mich nachhaltig berührt und mich immer wieder darin unterstützt, weiter zu gehen.

Ich danke auch ganz herzlich dem Silberschnur-Verlag für sein Vertrauen in mich und meine Arbeit. Danke für Ihre freundliche, kompetente und hilfreiche Unterstützung im Lektorat, Isabelle Wolf. Und Simone Fischer danke ich für ihre liebvolle und achtsame Art, mich mit all den Prozessen der Buchentstehung vertraut zu machen.

Ich danke allen Menschen, die sich mutig auf den Weg gemacht haben, ihren eigenen Weg zu finden. Die sich von nichts und niemanden abhalten lassen die Zusammenhänge zu erkennen und an sich und ihrer ureigenen Geschichte zu arbeiten. Ihr seid es, die die Welt verändern! Danke!

Widmung

Für Ina Leupertz,
unsere Herzenswege haben sich gefunden,
endlich....
Danke, Du wundervolle Seele!

216 Seiten, broschiert
ISBN 978-3-89845-377-6
€ [D] 14,90

Vadim Zeland

Transsurfing in 78 Tagen

Die Kunst der Realitätssteuerung

Transsurfing ist eine mächtige Technik zur Realitätssteuerung, mit der jeder die Möglichkeit hat, die Realität nach Belieben zu lenken. Das Basiswissen zu Transsurfing fasst Vadim Zeland hier in 78 Schritten zusammen und bietet damit ein Buch, das die Grundlagen der Realitätssteuerung klar und verständlich erklärt. Dieses Basiswissen ist notwendig, um sich das Illusorische der äußeren Welt vor Augen zu führen und zu erkennen, dass die Realität nicht festgeschrieben ist. Jeder Mensch kann zu jeder Zeit aus einer Vielzahl möglicher Wege den für sich richtigen wählen, um sein Ziel zu erreichen. Er kann selbst entscheiden, welche Ereignisse in seinem Leben stattfinden werden und welche nicht. Millionen von Lesern in aller Welt haben die Prinzipien des Transsurfings in ihr Leben integriert – mit Erfolg.

184 Seiten, 2 fbg., broschiert
ISBN 978-3-89845-355-4
€ [D] 14,90

Dr. phil. Georg Rupp

Befreiung aus dem Hin & Her des Lebens

Lass dein Herz entscheiden

Der Psychologe Dr. Georg Rupp lädt Sie ein, sich auf das Wesentliche zu besinnen, auf das, was wirklich wichtig ist. Angesichts unserer Überflussgesellschaft, in der nichts unmöglich und alles erreichbar ist, hindern uns die scheinbar endlosen Wahlmöglichkeiten oft daran, die richtigen Entscheidungen zu treffen. Lernen auch Sie, sich von der Ohnmacht der Nichtentscheidung zu befreien. Dieser Ratgeber der besonderen Art zeigt, wie Sie das ewige gedankliche Hin und Her abschalten und auf Ihr Herz hören können, wo die Antworten leicht zu finden sind. Der Autor erklärt, wie Sie in sechs einfachen Schritten zur richtigen Entscheidung gelangen. Das gilt für Beruf, Karriere, Familie und Liebe, für das ganze Leben.

208 Seiten, mit 8 fbg. Seiten, broschiert
ISBN 978-3-89845-237-3
€ [D] 14,90

Anne Givaudan & Dr. med. Antoine Achram

Gedankenformen und ihre Auswirkungen

Eines der revolutionärsten Bücher zum Thema Gedankenkraft! Die Autoren machen eindringlich klar, wie eine Gedankenform funktioniert, wie sie entsteht und wie sie wirkt, insbesondere aber, wie wir ihren Einfluss auf uns mindern können.

Gedankenformen können uns ersticken oder uns dynamisieren – sie erkennen und sich ihrer Rolle bewusst zu werden, das ist der erste Schritt zu einer wahren »Transformation«; diesen Schritt nun erleichtert dieses Buch mit seinen umfassenden und doch verständlichen Erläuterungen.

240 Seiten, Klappenbr.
ISBN 978-3-89845-336-3
€ [D] 14,90

Carly Newfeld

Der inneren Führung vertrauen

Botschaften aus Findhorn

Dieses wertvolle Buch erkundet die vielen Möglichkeiten, um spirituelle Führung zu erhalten und auf unsere Intuition zu hören – und beiden achtsam und freudig zu folgen. In aufschlussreichen Schilderungen und spritzigen Dialogen erzählt Carly Newfeld Geschichten von Menschen, für die innere Führung und Intuition wie selbstverständlich zum Alltag gehören.
Die Autorin schenkt uns einen Einblick, wie dank der inneren Führung von Eileen Caddy, Dorothy Maclean und Peter Caddy die Findhorn-Gemeinschaft entstand. Später nimmt Sie uns mit zu sich nach Hause und auf Abenteuer, in denen wir schillernden Persönlichkeiten und ganz normalen Leuten begegnen, die uns zeigen, welche vielfältigen Formen innere Führung annehmen kann.

208 Seiten, durchg. farbig, Klappenbr.
ISBN 978-3-89845-305-9
€ [D] 16,90

Brenda Barnaby

Reichtum beginnt im Kopf

Praxisbuch zum Gesetz der Anziehung

Neue Strategien zur Erfolgsoptimierung!
Das universelle Gesetz der Anziehung ist ein uraltes Geheimnis, das den Meistern der esoterischen Traditionen und Mitgliedern von Geheimgesellschaften bekannt war. Viele Jahrhunderte lang war das Wissen um dieses machtvolle Gesetz und seine praktische Umsetzung daher nur wenigen Eingeweihten zugänglich.
Abwechslungsreich und leicht verständlich führt Brenda Barnaby den Leser in die Geheimnisse ein, wie dieses Gesetz ohne große Mühe angewendet werden kann. Sie lernen, in Verbindung mit den Energien des Kosmos zu treten und Ihre Probleme zu lösen. Das Gesetz der Anziehung wird Sie in einen Gewinner verwandeln.

78 Karten, in Box
EAN 4260075280257
€ [D] 8,95

Dick Nijssen

Spirituelle Erkenntniskarten

Es gibt keinen Zufall – und demnach hält jede Erkenntniskarte nach dem Gesetz der Synchronizität genau die Botschaft für dich bereit, die im Moment für deinen Bewusstwerdungsprozess wichtig ist.
Diese spirituellen Erkenntniskarten können ein Leitfaden für dich sein!
Wenn du noch mit Kompromissen und Einschränkungen lebst,eröffnen dir die Karten eine neue und befreiende Lebensperspektive. Sie sind eine Quelle der Inspiration und des Trostes sowie ein Wegweiser in ein Leben, in dem du endlich deine Wirklichkeit entdecken kannst.

152 Seiten, broschiert
ISBN 978-3-89845-266-3
€ [D] 6,95

Franziska Krattinger

Die 7 universellen Gesetze

Spielregeln für ein Leben in Vielfalt

Das Leben folgt universellen Gesetzen. Wer diese begreift, kann sich alle Lebensformen, Situationen und Realitäten erklären. Diese universellen Gesetze gelten auf allen Ebenen und in allen Bereichen. Niemand kann sich ihnen entziehen.
Dieses Handbuch vermittelt durch praktische Übungen und gelebte Beispiele aus dem Alltag die entscheidenden Spielregeln für ein Leben in Fülle! Es zeigt, wie man seine Kraft am besten einsetzt, um seine Ziele stets zu erreichen. Die beschriebenen Gesetze gelten für alle – und wer sie beherrscht, ist somit Herr über seine Realität.

208 Seiten, broschiert
ISBN 978-3-89845-347-9
€ [D] 6,95

Kurt Tepperwein

Das Anti-Ärger-Programm

Sicher geht es Ihnen wie den meisten Menschen: Sie ärgern sich – manchmal mehr, manchmal weniger, aber immerhin: Sie ärgern sich ... ob über Ihren Nachbarn oder über Ihren Arbeitsplatz. Ärger ist für manche schon zu einem Teil ihres Lebens geworden und bringt sie regelmäßig aus dem Gleichgewicht.
Dieses Buch geht daher bewusst tiefer und beleuchtet Ihre Gedanken und Einstellungen und führt Sie über die geistigen Gesetze zu den Fragen nach dem Sinn des Lebens. Die Selbstanalyse hilft Ihnen, sich selbst und Ihre Ziele besser kennenzulernen, und in praktischen Übungen lernen Sie, wie Sie diese auch erreichen. Dann heißt es: Schluss mit dem Ärger – und Sie können endlich ja sagen zu einem erfüllten und bewussten Leben.

160 Seiten, broschiert
ISBN 978-3-89845-292-2
€ [D] 6,95

Barbara Berger

Meditationen

Tore zum Bewusstsein

Verschiedene Wege führen zur Erfahrung von glückseligen, erweiterten Bewusstseinszuständen, jener globalen Revolution, die in unserer Zeit stattfindet. Ein einfacher Weg zu diesem höheren Bewusstsein sind die Meditationen von Barbara Berger.
Die Bestseller-Autorin vermittelt fundiert und immer leicht nachvollziehbar verschiedene Meditationsformen. In gewohnt unkomplizierter Art erklärt sie neben praktischen Übungen auch die Stolpersteine, die eine erfolgreiche Meditation verhindern können. Den Meditierenden erwartet u. a., wie der Verstand, die ewige »Quasselstrippe«, beruhigt werden kann, wie man besser schläft, jünger aussieht oder effektiver arbeiten kann ...

TRUE TALES
DUMONT